VÍSTETE DE PODER

El Camino Hacia La Inteligencia Espiritual.

WENDY BRETÓN

Primera edición

Categoría:
Autoayuda, Crecimiento Personal.

Portada: Quang Anh Ha Nguyen
Pexels.com

ISBN: 9781723788406
Imprint: Independently published

AGRADECIMIENTO

Quiero agradecer primeramente a Dios por darme la oportunidad de nacer de nuevo. Gracias, mi amado esposo Efraín Vera, por tu compresión y apoyo incondicional. Son veintisiete años de conocernos y amarnos. Sin ti a mi lado nunca hubiera volado tan alto.

A mis hijas Joyce y Valerie Vera, ustedes me enseñan cada día y son ejemplares. Me impulsan a seguir creciendo; mis amores, este éxito es nuestro.

A mi madre Mercedes Sosa, mujer esforzada, valiente y de fe, y a mis hermanos, Joly, Nani y Moncho, a quienes amo con todo mi corazón. A la congregación Ríos de Dios, que por siete años de mi vida me han acompañado en mis altas y mis bajas; con ustedes a mi lado puedo decir: "Jehová es mi Pastor y nada nos falta". Somos familia extendida.

Gracias a mis mentores espirituales, pastores Juan Ramón y Amarilyn Agosto, Dios los puso en nuestra vida para que pudiéramos ver, oír y vivir en una dimensión sobrenatural.

A Jaime y Aurea Rodríguez, Dios sabe darnos lo que nos falta. Pastor has sido un padre para mí. Dios te ha usado para afirmar mi fe y creer que puedo. Tu sabiduría es una verdadera bendición. Gracias por el tiempo que nos dedicas, quiero ser como tú.

A los pastores David Valentín, Abilio y Nina Rivera, Marta y Alex Torres, Jacobo y Milly Díaz, Atania Pacheco e Iris Cantres, por apoyarme en descubrir la vida abundante y las riquezas en gloria en Cristo Jesús.

A la Academia de Coaching de Capacitación Americana, a mi poderosa mentora Jaqueline Betancourt y a la Promoción 19; pusieron mi vida de cabeza y me apoyaron para lograr en tiempo récord mis sueños más profundos de vivir una vida abundante desde el ser, escribir un libro y salir del estancamiento que estaba acabando con mi vitalidad y alegría.

Al pastor y motivador Edwin Rivera Manso y a su esposa, la

doctora, pastora y amiga Joanic Santos, siempre vieron el depósito de Dios en mi vida, me impulsaron a escribir.

Gracias a la LCI. Dayana del Valle y a su excelente equipo de Servicio ACE - ACCA. Ustedes han sido los parteros que trajeron a mi bebé al mundo. Hicieron tan placentero el proceso que quiero seguir escribiendo, mil gracias.

Mil gracias a todos, gracias a ustedes volví a abrazar la verdad de ser sal y luz. Les amo a todos.

ÍNDICE

WENDY BRETÓN

INTRODUCCIÓN

Vístete de Poder:
El camino hacia la inteligencia espiritual

Todos los días vamos a tomar dos grandes decisiones: despertar para llegar a nuestro destino y vestirnos de acuerdo a la actividad que vamos a realizar. Vestirnos de poder es una decisión que debemos tomar cada día. Para hacer nuestras tareas cotidianas, trabajar, relacionarnos con nuestros familiares y amigos; en fin, todos los días nos programamos para continuar hacia adelante. Sin embargo, estas actividades se hacen de manera tan inconsciente que a veces parece que no estamos despiertos.

Quiero explicarte lo que significa vestirse de poder. En el libro de Isaías 52:1 dice: *"Despierta, despierta, vístete de poder, oh Sion; vístete tu ropa hermosa, oh Jerusalén, ciudad santa"*. Vamos a sumergimos en la definición de estas dos palabras (vístete de poder). (La Biblia de las Américas 1997)

La palabra "vístete", en su origen arameo, implica ponerse una prenda de vestir o vestirse (a uno mismo o a otra persona). Puede utilizarse de manera literal o figurativa. Un sinónimo es "ataviarse", que significa componerse, lucirse, engalanarse y recargarse. Está ligado íntimamente a la palabra "autoridad", como la que otorga llevar un uniforme, la corona para una reina y la placa para un policía; estos elementos son parte esencial de su indumentaria. "Revestir", por su parte, es como llevar una capa o entrar dentro del vestido. Así que esta palabra está cargada de significado, pues en sentido figurado es armarse, ponerse en disposición de

9

lograr un resultado.

La palabra "poder", que también puede traducirse como fuerza, lleva implicaciones: seguridad, fuerza, alabanza y majestad. En un sentido figurado significa audacia y energía; en inglés existe la expresión might is right, que se refiere a creer que uno posee el poder, la fuerza física y todo el derecho de hacer cualquier cosa que se proponga. Es el poder de hacer cosas sobrenaturales y no se explica con la lógica, es una cuestión de fe. Conlleva constancia e influencia que alcanza abundancias y riquezas.

El ser pastora y consejera da base a la explicación de estas palabras. Entrar y aprender las técnicas del coaching fueron el complemento para mejorar mi vestimenta hacia esta aventura llamada vida. Existen presuposiciones en la programación neurolingüística y en el coaching que nos empoderan para conocer que todo lo que necesitamos para generar un cambio se encuentra dentro de nosotros. Los cincos sentidos son los canales que nos permiten recibir la transformación; por eso el texto dice: "despierta, despierta". Estando consciente y estando presentes en este proceso de trasformación no hay marcha atrás; vamos a salir de nuestra zona de comodidad sabiendo que el fracaso en verdad no existe y que sólo obtuvimos resultados que nos enseñarán a hacerlo de una manera diferente la próxima vez.

El coaching es un hermoso proceso donde se acompaña a una persona hacia resultados esperados, a superar dificultades o alcanzar nuevas metas. Por eso una de las habilidades más importantes es el compromiso. La figura lingüística de "vestirse de poder" nos habla de perseverancia, preparación y crecimiento. El coach es un profesional apasionado con el despertar del coachee; es decir, la persona a la que deseamos ayudar. En mi vocación pastoral comparto ese compromiso de apoyar a las personas para que brillen y puedan descubrir los grandes tesoros que llevan dentro, también les guiamos a conocer sus fortalezas, debilidades y oportunidades en este proceso de cambio.

Se utilizan preguntas poderosas, como ¿quién soy?, ¿dónde estoy?, ¿qué quiero cambiar? Son preguntas que en el proceso espiritual nos invitan a definir los valores y las creencias que definen nuestra identidad, así que el saber que somos agentes de fe, amor y poder es congruente con las enseñanzas del coaching y con la necesidad humana de conectarse. Como dice Robert Dilts, es conectarse con "quién está por encima de mí". En mi caso ese quién tiene nombre: Dios. Es llevar la identidad personal más allá de los límites que se relacionan con los sentimientos y con el intelecto. Es trascender para vivir con propósito y plenitud espiritual.

La técnica del escuchar activamente es otra pieza esencial en la vestimenta; esta técnica afirma una creencia potenciadora en la búsqueda de Dios. La afirmación es que la fe viene por el oír. En mi búsqueda espiritual encontré tiempo atrás preguntas poderosas en "El Libro de los libros", como le llama a la Biblia el gran mentor Dr. Jeff García. Algunas de ellas son: ¿dónde estás?, ¿qué ves?, ¿entiendes los que ves?, ¿Caín, por qué estás tan enojado?, ¿acaso soy guarda de mi hermano?, y otras que nos hacemos nosotros mismos. Además están las preguntas formuladas por Dios para nosotros: ¿qué haces en la cueva?, ¿quién irá por nosotros?, ¿quién dicen ustedes que yo soy?, ¿y a ti qué, sígueme tú?, ¿me amas?, ¿hallaré fe en la tierra?

En mi caso, necesitaba y quería un cambio. Afortunadamente no tuve que apartarme de mi llamado y vocación para lograrlo. Para decirlo así, estaba despierta cuando recibí la revelación de lo que necesitaba hacer; vestirme de nuevo, lo cual me tocaba a mí, utilizando en gran parte las varias técnicas recibidas del coach. En dichas técnicas encontré herramientas para continuar en el proceso de crecimiento y empoderamiento. Descubrí mis fortalezas, debilidades y oportunidades.

Tú también estás invitado al baile, es tiempo de despertar, es un wake up call a vestirnos de poder. Nadie lo hará por ti, te extiendo la invitación, solo tú puedes decidir.

El objetivo principal de este libro es invitarte a que entres a una etapa de crecimiento espiritual que pueda impactar todas las áreas de tu vida: autoestima, amor, salud, finanzas, profesión y disfrute. El coaching puede apoyarte a lograrlo. El coaching basado en la persona de Jesús y en la Biblia son principios enseñados por personas que no necesariamente creen en Dios, esto se debe a que Jesús fue una persona de la historia y ha sido citado no sólo en la Biblia, sino también en el Corán, por Mahatma Gandhi, Teresa de Calcuta, Nelson Mandela, Martin Luther King, Robert Dilts..., en el coaching, el punto es que son enseñanzas universales que al ser aplicadas bendecirán al cristiano y al no cristiano: "el Sol sale para todos. (Mateo 5:45 VRV 1960) Te invitamos a que pruebes que es un camino transformador que cualquier persona puede seguir.

Este libro ha sido escrito basándonos en fuentes reseñadas en la bibliografía con el fin de apoyar la investigación y los hallazgos encontrados. Además, se llevó a cabo una encuesta que será discutida con resultados y discusión.

I

El Coaching: La Capa de la Realeza

El coaching es una disciplina que empodera al cliente para alcanzar la transformación. Es el vehículo para que el coachee (cliente) llegue a comprender todo lo que necesita para vivir la vida abundante que lleva dentro de sí mismo. El coach es un profesional que apoya a descubrir el potencial que tenemos para alcanzar éxito en diferentes áreas de la vida y hacerlo desde el Ser. Parte de quiénes somos como personas, no desde lo que hacemos o lo que tenemos. Se utilizan herramientas poderosas para que en un tiempo considerablemente corto podamos obtener resultados. Involucra desaprender, aprender, reprogramar nueva información y descubrir cualidades que ya teníamos mas ocultas en el subconsciente, el coach, con su formación y competencia, abrirá un abanico de nuevas oportunidades, habilidades, superación de retos y de nuevas herramientas.

El coach ha de estar claro de que, como profesional, no aconseja; utiliza preguntas poderosas para que el cliente descubra dentro de sí mismo cómo vivir desde el ser y no desde el tener y el hacer, cosas que vendrán después. Es un cambio de paradigma que nos lleva a descubrir las improntas (marcas de la niñez), creencias y valores que nos limitan o nos potencian, dependiendo de cómo las manejemos. Es desprogramar todo lo que nos ha detenido y reprogramar lo que nos empodera, nos nutre y llena de vida. El coach no es un sabelotodo, sólo tiene unas herramientas, las cuales vive apasionado por compartir. Su objetivo es que descubras soluciones y establezcas un plan y que encuentres tu esencia y puedas entender lo que necesitas.

Entre las técnicas poderosas que tiene el coach están las preguntas que construyen, confrontan y revelan, y que invitan a despertar al que está dormido para que viva el aquí y el ahora con fuerza, propósito y bienestar.

Las técnicas pueden ser de proceso: qué, cuándo, dónde, quién y cuánto costará. Las técnicas de contenido, por su parte, sorprenderán tanto al profesional como al cliente. Estas preguntas son un llamado a la creatividad y a la reflexión, con tres diferentes perspectivas y tres nuevos caminos. Algunas de estas pueden ser: ¿cómo esto te hace sentir?, ¿si la persona estuviera aquí, que le dirías?, ¿qué experiencia te hace vibrar de emoción? Son infinitas las posibles preguntas a plantearse y son poderosas.

Una herramienta impresionante es la Programación Neurolingüística (PNL), ésta nos ayuda a hacer un mapa para diseñar lo que deseamos vivir. Sabemos que el mapa no es el territorio, mas desde ahí partimos. Es estar conscientes de la importancia del inconsciente, en cómo nos relacionamos con nosotros, con nuestro ambiente, con otros e inclusive con Dios y nuestra espiritualidad. Un dato fascinante es que el 95 % de las decisiones que tomamos en la vida provienen del subconsciente; la mayoría de la gente no se percata de esta realidad. En este punto la PNL aporta desprogramación y reprogramación de sentimientos, pensamientos y acciones que no nos llevan a ser plenos y nos programa a través de ejercicios, sentimientos y pensamientos para mayor autorrealización y trascendencia. Es un despertar al empoderamiento para crecer y no postergar nuestros sueños y metas, poniéndole fecha de cumplimiento y de tomar acción.

El proceso de este proyecto de vida ha hecho aflorar en mí muchas cosas guardadas en el subconsciente que no me permitían liberarme del dolor emocional que estaba provocando dolor físico y espiritual. Había perdido el brillo en el rostro y en el alma; no quería ni mirarme al espejo, pues no me gustaba lo que veía. En este proceso decidí empezar por mí; si no lo vivo, no lo puedo impartir.

El Eneagrama de vida, que explico más abajo, ha sido crucial para combinar la espiritualidad con el coach, de modo que logre impactar otras áreas, como la social, relacional, recreacional, de pareja, profesional, emocional y económica. El Eneagrama se trata de un círculo que trabaja el coachee para evaluar áreas de necesidad y fortalezas en nueve aspectos de tu vida, y en un proceso hermoso de descubrimiento llegas a construir tu frase de empoderamiento. Te puedo compartir la mía:

Soy una mujer amorosa, verdadera y profunda.

Es mi propósito que podamos vernos como seres integrales que necesitamos alimentar el cuerpo, el alma y el espíritu.

Ejercicio de poder

Vamos a hacer un ejercicio de práctica: toma una hoja de papel en blanco, dibuja un círculo lo suficientemente grande para trabajarlo, ¿estás listo...?

Eneagrama de vida:

Para mí es la *Rueda de la acción*, una vez la eches a rodar comenzará una transformación en las áreas importantes de tu vida. Como lo dice su nombre, se refiere a un diagrama en forma de círculo que contiene nueve áreas de nuestra vida.

El objetivo principal es que el cliente pueda contestar: ¿Quién eres?

17

Los nueve aspectos a considerarse son: Emocional, Salud y bienestar, Relaciones interpersonales, Educación, Familia, Trabajo, Espiritual, Finanzas, Recreación. Ahora procede a:

1. Dividir el círculo en nueve (9) partes iguales con un punto desde el centro y asignando a cada parte un área de vida.

2. La persona en cuestión le dará una puntuación del 0 al 10: el cero estará ubicado en el centro del círculo y el 10 en el límite del círculo en cada área.

El 0 significa menos satisfacción en esa área y el 10 máxima satisfacción.

3. Colocar un punto en cada área en el grado que se siente satisfecho y luego unir los puntos con líneas desde cada uno de ellos. Una vez que unes esos puntos, pinta del color preferido el interior de la forma que emerge.

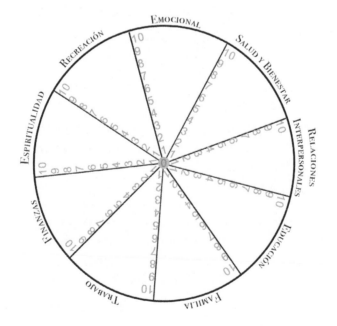

Eneagrama de Vida® Fuente: ACCA

Ejemplo:

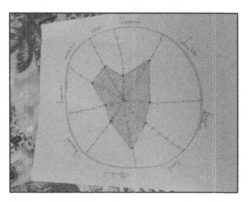

De esta manera lucirá tu Eneagrama de Vida.

II

Mi Propio Llamado a Despertar

El texto de Isaías que utilizo en la introducción es extraordinario, porque nos invita a movernos, a vivir la vida abundante que vino a traer Jesús. Pero antes de llegar allí hay que salir de un lugar que tiene colgado un letrero llamado estancamiento. Para dar luz a este escenario hay un texto opuesto que se encuentra en Isaías 47:1: "*Desciende y siéntate en el polvo, virgen hija de Babilonia. Siéntate en la tierra, sin trono, hija de los Caldeos; porque nunca te llamarán tierna y delicada*" (La Biblia de las Américas, 1997). Es evidente que Dios da su veredicto a éstas dos naciones que oprimían a su pueblo, mas para los hijos de Dios la historia es otra. Cuando leemos nos parece ver una escena donde una mujer está dormida; no se ha percatado que su amado la llama. Ella ha estado prisionera en una cárcel de la que no hay salida, sin embargo, esta mañana es diferente; se le da *wake up call*, un llamado a despertar. Con varios imperativos (órdenes): "¡despierta, despierta!". ¿Has escuchado ese llamado en algún momento de tu vida? ¿Y qué me dices de hoy, te sientes inmóvil, dormido?

Hoy Dios nos llama a despertar y sin pausa nos dice: "¡vístete, vístete!, algo nuevo está por suceder, tu estadía en prisión se acabó". Dormitamos por las cosas que nos distraen y no permiten que veamos a Jesús dispuesto a darnos bendición, revelación y libertad, Dios también se despierta y es para obrar a tu favor. "*Jehová saldrá como gigante y como hombre de guerra despertará celo, gritará, voceará, se esforzará sobre sus enemigos*" (Isaías 42:13). Si Jehová se despierta cuando hay en tu vida guerra, guerra, guerra; él va a darte victoria, victoria, victoria. Y cuando te despierta es para que veas que son más lo que están a tu favor que los que están en tu contra.

Escuché a un pastor usar la siguiente ilustración: "Un hombre se encontraba durmiendo y soñó que estaba en el cielo. Jesús le invitaba a mirar detrás de unas hermosas puertas que resplandecían, gracias a que estaban cubiertas de piedras preciosas. La emoción era inmensa y lo hacía apresurarse para ver qué se encontraba tras esas puertas. Imagínate, toda su vida esperando ver la belleza del cielo. Sin embargo, justo cuando se abría la puerta... despertó. Estaba decepcionado y en su cama preguntó al Señor: '¿Cómo es posible que me despierte y no pueda ver lo que tanto anhelé?'. El Señor le respondió: 'Jamás cumpliría tu sueño mientras duermes'."

Él quiere que disfrutes de lo que ha preparado para ti bien despierto. Te despierta para que cumplas con tu propósito de ser sal y luz; para que oigas la voz de Dios y le obedezcas. En Isaías 50:4 declara: "*Jehová el Señor me dio lengua de sabios, para saber hablar palabras al cansado; despertará mañana tras mañana, despertará mi oído para que escuche como los sabios*". Los ojos y los oídos son las ventanas para ver lo que Dios está haciendo afuera, sin embargo, tu boca es la ventana del cielo para que otros oigan y vean lo que Dios hace dentro de ti.

El llamado a vestirnos nos lleva a prepararnos para el éxito, para la victoria. La invitación en la Palabra es a vestirnos para conectarnos y relacionarnos en las siguientes cuatro esferas:

- En nuestra relación con Dios a vestirnos de Cristo (Romanos 13:14).
- En nuestra relación con nosotros a vestirnos del nuevo hombre (Efesios 4:24).

- En nuestra relación con otros a vestirnos de amor (Colosenses 3:14).

- También existe una relación de enemistad contra el enemigo, que se caracteriza por el saboteo, miedos, dudas, mentiras, etc.; esa es su vestidura. Nosotros, en cambio, somos llamados a vestirnos de la armadura de Dios. La armadura tiene varios componentes: el yelmo de la salvación, la coraza de justicia, el cinturón de la verdad, el calzado del Evangelio, la espada de la Palabra y el escudo de la fe. Por supuesto es una armadura espiritual (Efesios 6:11).

Ver la presencia de Dios como un manto que nos cubre fue muy real para mí en un momento de prueba por medio de unas pérdidas. Fue un tiempo de mucha tensión, gracias a Dios fueron pérdidas materiales que pudieron ser remplazadas. Como tú sabes, en las noches es cuando pensamos en cómo vamos a salir de una crisis, fue entonces cuando le dije: "Señor, cúbreme, me siento desilusionada, fracasada". Me eché a llorar, pero de inmediato sentí que me cubrieron con una frisa muy pesada. Supe de inmediato que Dios me cubría con su presencia. *"Pues esta leve tribulación momentánea produce en nosotros un cada vez más excelente y eterno peso de gloria"*, (2 Corintios 4:17).

Finalmente, existe un mandato que nos invita a ver nuestra situación de vida desde otro ángulo. *"Sal del polvo, levántate cautiva hija de Sion"*, (Isaías 52:2). El polvo y la ceniza simbolizan luto y muerte. Las cosas no son lo que parecen, por eso Dios usa personas en nuestra vida para darnos una nueva perspectiva. Conocí a una mujer extraordinaria llamada Idaliz Escalante, quien es coach profesional. Me encontraba en un taller que ella dirigía y en un momento compartí que en esa etapa de mi vida tenía un sueño que se repetía casi todas las noches. Soñaba que a mitad de la noche un hombre tocaba con fuerza la puerta de entrada a la casa y yo despertaba aterrada, corría hacia la entrada y nunca abría la puerta. En la película de mi mente el pensamiento era: "¿y si vienen a robar, a hacerle daño a mi familia? Me preguntó la coach: ¿Y si abres la puerta? ¿Y si lo que trae es un regalo, una bendición? Wow, eso cambió mi perspectiva y mi temor. Reflejaba la manera en que me enfrentaba a la vida. Desde ese mismo día despierto con la fe de que Dios abre puertas de bendición y cierra puertas de maldición. Soy bendecida, tengo un Padre celestial que me ama y echó fuera el temor de mi vida. Soy una mujer sana, fuerte y poderosa.

Ejercicio de poder

Frase de empoderamiento

El propósito de la frase de empoderamiento es que la persona pueda contestar a la pregunta ¿quién soy? Y que lo conteste desde su ser: las respuestas no se razonan o no se da mucho tiempo para contestar, ya que al dar respuestas rápidas vienen del subconsciente (de lo profundo de su interior).

Necesitarás el Eneagrama (primer ejercicio)

El proceso para trabajar esta técnica es el que se explica a continuación.

1. Una vez coloreada la figura, observa: ¿Qué ves? ¿A qué se te parece?

2. El coachee mirará el papel con el dibujo que tiene delante.

a. Escribirá a qué se le parece la figura que fue coloreada.

b. Escribirá diez cualidades del objeto que nombró

arriba en el papel. Sus respuestas han de ser lo primero que llegue a la mente (diez cualidades). Con ayuda del coach creará su frase de empoderamiento.

3. Eliminará tres cualidades que no necesite, dos más y luego dos más.

4. Quedarán tres cualidades y construirá una frase como esta:

Yo soy un hombre poderoso, confiable y pleno.

5. La repetirá durante veintiún días consecutivos, justo antes de acostarse y al despertar. Se colocará en el lugar que primero mira cuando se acuesta y cuando se levanta. La explicación de decir lo primero que viene a la mente y decirlo al acostarse y levantarse es que estamos menos racionales, las respuestas salen de nuestro inconsciente, de lo profundo de nuestro ser. Y se hace por veintiún días para formar un hábito y obtener transformación.

III

Para Continuar El Ajuar: Misión, Visión y Algo Más

Desde hace más de treinta años las grandes compañías internacionales han incorporado a la filosofía de su trabajo dos conceptos: misión y visión. Existen definiciones muy complicadas que hacen creer que eso sólo lo pueden definir los grandes estrategas. Muy lejos de la verdad; es muy sencillo de definir. Partir desde aquí, después de definir quiénes somos, nos dará una gran afirmación de propósito en la vida. Dejaremos de buscar afuera el gran poder que se nos ha depositado adentro. Aun las grandes religiones mundiales y filosofías espirituales tienen bien definidos su misión, visión, creencias y valores.

La visión es el conjunto del futuro deseado por Dios para nuestra vida; es ver la imagen completa antes de que esté formada. La meta es el final, y es parte de la estrategia para que la visión se haga realidad. La pregunta poderosa puede ser: ¿si nada fuera imposible, describe cuál sería tu situación de una vida ideal?, describe cómo te lo imaginas, cómo te ves en la escena, qué sientes, cómo lo percibes con todos tus sentidos (la visualización es el anclaje para integrar la emoción a la escena). Yo lo llamo el día del milagro. Uso una técnica que aprendí en un entrenamiento: "en esta caja (una caja imaginaria o real) está lo que tanto esperas, lo que siempre has soñado, el día de tu milagro: ábrela, describe qué ves. Esa es la visión, a dónde se quiere llegar.

Otro objetivo es definir la misión, que es el cómo voy a

lograr mi meta más adelante. Para que deje de ser un sueño y se convierta en una meta es necesario responder con respecto a esa meta: cuánto tiempo tomará, quién lo hará contigo, dónde se ejecutará, cómo lo lograrás y cuánto te va a costar. Es como aterrizar tu sueño. Lo logramos a través de la técnica de coach llamado PROYECTO DE REALIZACIÓN PERSONAL (PRP). Todo el proceso de hacerlo es enriquecedor. Comienzas soñando, poniendo de manera integral con láminas o dibujos tus anhelos más profundos, de modo que pueda convertirlos en metas. Buscar en este ejercicio áreas a trabajar, encontrar fortalezas, debilidades y oportunidades de crecimiento. Tan importante es saber qué quiero hacer como encontrar la forma de lograrlo.

Crear un plan de acción para lograr los objetivos requiere explorar los valores y creencias; tanto las que le han ayudado a avanzar como las que lo han detenido. Es de suma importancia realizar que, hemos de estar conscientes de vivir del SER-HACER-TENER antes de querer apoyar a un cliente a vivir desde este estilo de vida. Nos educan con el orden contrario: TENER-HACER-SER. Cuando somos pequeños se nos impulsa a estudiar, obtener títulos, marido o esposa, posesiones y relaciones con personas con dinero. Nos dicen que cuando logremos TENER podremos HACER: disfrutar, comprar y viajar. Finalmente SEREMOS exitosos, prósperos y felices. Cuando nos percatamos que la vida no funciona así, es necesario cambiar de paradigma.

En el proceso de formación como coach, ha cambiado todo. Esto responde a que yo he cambiado, cada día me levanto para vivir desde el ser. Antes vivía dividida entre mi preparación en el área de la teología y el área de la consejería, vivía con miedo a expresar mi vocación y llamado, preocupada por el qué dirán. Primero, soy un ser espiritual y ya no tengo ningún conflicto en decir que Dios me guió en mi proceso de transformación a recibir maravillosas herramientas en teología, la consejería y el coaching para continuar en un crecimiento ascendente. Estoy disfrutando la victoria de crecer y apoyar a otros en este crecimiento. Estoy vestida y decidida para continuar caminando con fe, valor, esperanza y poder.

Ejercicio de poder

Visión

Si la visión es visualizar hacia dónde deseas ir: imagina que el día del milagro es hoy, ahora mismo. Tocan tu puerta y la abres con alegría: te entregan una caja y dentro está lo que tanto esperas, lo que siempre has soñado. Ábrela, describe qué ves. Esa es la visión, conocer a dónde quieres llegar.

• Si nada resultara imposible, describe cuál sería tu situación de una vida ideal, tu sueño hecho realidad.

_____

_____

_____

• Describe cómo te lo imaginas.

_____

_____

_____

• Describe cómo te ves en la escena, qué sientes.

_____

_____

_____

• Cómo lo percibes con todos tus sentidos, la visualización con el anclaje de integrar la emoción a la escena. Cierra los ojos y ten en cuenta estas preguntas. ¿Cómo huele? ¿Los colores, son brillantes o tonos suaves? ¿Estás feliz, sonríes, gritas de la emoción? Toca lo que se te ha entregado, siente su textura, vive la experiencia como real.

_____

_____

_____

Misión

La misión responde a la pregunta, ¿cómo lo voy a lograr? La misión se puede lograr a través de una o varias metas, depende del alcance de la misión. Es por ello que en el coaching es fundamental identificar nuestros sueños y convertirlos en metas, proceso que se realiza mediante la herramienta Proceso de Realización Personal.

Proyecto de Realización Personal (PRP)

• Existe una herramienta poderosa que se conoce como Mapa de sueños y en la Academia Americana se titula Proyecto de Realización Personal.

Vamos paso a paso:

1. Buscaremos recortes de periódicos, fotos o impresiones de revistas para ponerlas en una cartulina (o lámina de corcho). El propósito es que a través de este proyecto la persona exhiba todo lo que sueña, sin ponerse límites, aunque parezcan cosas pequeñas.

2. Las recortamos y pegamos.

3. Luego seleccionarás tres sueños que quieres realizar. Sobre cada sueño ubicarás tacos de notas adhesivas donde escribirás cuándo quieres lograrlo. Al momento que ponemos la fecha para cumplir la meta, el sueño se convierte en una meta. Cuando se sabe diferenciar entre la meta y el sueño puedes llevar a cabo un efectivo plan de acción.

4. En las notas adhesivas se escribirá lo siguiente:

Qué: la meta

Cómo: Pasos que vas a dar, buscar información, permisos, instrucciones, entre otros-

Dónde: Lugar específico.

Quién: Quiénes te van a apoyar en alcanzar la meta.

Cuánto: Cuánto te va a costar, como vas a conseguir el dinero (importante hacer un *Aterrizaje financiero*: más adelante lo explico)

IV

A Vestirnos con Más que Palabras

Escuché el testimonio de un coach que comenzó su camino a la transformación a través de la confrontación con su jefe y del hecho de que sus compañeros de trabajo no querían trabajar con él. Reflexionó que su ocupación era el desarrollo personal a través de la Programación Neurolingüística (PNL). Es importante definir poder personal como la habilidad de actuar. Contrario al poder posicional, que se refiere al puesto que ocupas. La programación está relacionada a la rutina. "Neuro" se refiere al sistema neurológico, incluyendo los cinco sentidos. Y lingüística es la interpretación que le damos a las dos anteriores usando el lenguaje.

Es importante definir otros términos relacionados a la PNL. Es vital conocer lo que son sistemas de representación. Es como una pantalla interna que refleja los eventos que suceden en el exterior. Son nuestras interpretaciones de una situación a través de nuestros sentidos (oír, escuchar, ver, gustar y sentir) La palabra kinestésico proviene de la palabra griega kinesis que significa movimiento. Cuando decimos que el canal a través del cual una persona aprende es kinestésico; nos referimos a personas que prefieren aprender utilizando los movimientos del cuerpo, las sensaciones. Por ejemplo, prefieren practicar un deporte que leer un libro. Las distorsiones por su parte son cuando mal interpretamos eventos o conversaciones que repercuten en resultados, sentimientos y pensamientos no deseados en nuestra vida. Y anclaje que es cuando nos ubicamos en un estado emocional en específico. Por ejemplo, cuando escuchamos una canción y nos sentimos tristes ya que nos recuerda un desamor.

Esta disciplina se conoce como modelado y surgió con la observación de Bandler y Grinder de la obra de Virginia Satir, Milton Erickson y Fritz Perls, tres exitosos psicoterapeutas. Es basado en modelar el comportamiento de personas de las cuales yo quiero obtener el resultado exitoso que ellos tienen en su vida. Básicamente ellos observaron que estos exitosos profesionales de la conducta se guían por cuatro pasos con sus clientes y estos son:

1.   Definir con precisión qué es lo que quieres y en cuánto tiempo lo quieres lograr (aterrizar).

2.   Buscar una estrategia, luego buscar en el mundo alguien que ya ha alcanzado esa meta. Averiguar cómo lo hizo, repetirlo y modelarlo (no hay que inventar, la rueda está hecha).

3.   Ser flexible para cambiar de estrategia cuantas veces sea necesario, hasta que funcione.

4.   ¡Acción! Nada funciona si no se intenta. Esperar que todo sea perfecto es una ilusión. Es actuar en vez de pensar, hasta conseguir resultados.

Para conseguir estos resultados cuando estamos modelando a la persona exitosa, prestemos atención a los siguientes aspectos:

1. Compartir sus creencias y valores.
2. Seguir su estrategia mental.
3. Utilizar su estructura lingüística (su lenguaje).

Aplicado a los negocios, y como un ejemplo, cierto conferenciante ofreció coaching a una compañía para mejorar sus ventas. Buscó a los vendedores estrella y les preguntó cómo lo lograban. De esa pregunta establecieron tres pasos, los cuales siguieron y luego compartieron con todo el personal:

1. Darles la estrategia de ventas ganadora.
2. Implantar la estrategia ganadora.
3. Reducir el entrenamiento a tres días.

La PNL cuenta con principios y presuposiciones y son las siguientes:

• La habilidad de cambiar el proceso por el cual experimentamos la realidad es más valiosa que cambiar el contenido de dicha realidad.

• El significado de la comunicación es el resultado que obtienes.

• Todas las distinciones que hacemos en relación a nuestro ambiente y nuestro comportamiento pueden ser representadas por nuestros cinco sentidos.

• Los recursos que la persona necesita para gestionar un cambio ya existen dentro de él.

• El mapa no es el territorio.

• El potencial valioso del individuo se mantiene constante mientras que lo apropiado de su comportamiento interno o externo es cuestionado.

• Existe una intención positiva motivando cada comportamiento y un contexto que tiene valor.

• No existe el fracaso, sólo existe el resultado.

Otro aspecto importante son los sistemas de representación sensorial. Los canales de entrada son los cinco sentidos por los cuales recibimos la información. Sin embargo, cuando pasamos la información a otra persona lo hacemos a través de tres canales. Estos son las palabras, la voz y la fisiología (lo no verbal). Contamos con los cinco sentidos para recibir información y se agrupan en tres: verbal, auditivo y kinestésico. Conocer el sistema de representación que domina la persona nos ayuda a establecer una mejor comunicación con el cliente. Cometemos varias omisiones, como por ejemplo omitir información, distorsiones y generalizaciones. Una estrategia del coaching es duplicar la voz, el tono de voz y comunicación no verbal. Se utiliza para ganar la confianza del cliente, ya que ha probado ser efectivo. Otra estrategia es el anclaje que es parte del comportamiento humano. Es por ejemplo, que escuchamos una canción y recordamos un evento pasado y nos evoca el estado emocional que experimentamos en ese momento. La comunicación es fascinante y compleja.

La PNL es una herramienta extraordinaria que combinada al coaching da resultados. Nos ayuda a entender la importancia del lenguaje en nuestras vidas, herramientas que nos empoderan y llevan a la acción. Es maravilloso saber que podemos crear nuestra realidad. Incluso ir a esos eventos dolorosos y cambiar los colores y el tono de voz para cambiar la emoción que nos evocaba. Mejorar nuestras relaciones personales y laborales. Excelente oportunidad de ser agentes de cambio y de apoyar a las personas que desean un cambio en sus vidas. En mi vida personal me he percatado de las violaciones en el lenguaje, la más persistente en mí es la generalización. He aprendido que me lleva al autosabotaje. En mi vida familiar lo más revelador es que cada uno tenemos un canal de comunicación dominante, esto no es ni bueno ni malo. Si quiero una mejor relación con mis seres queridos, me beneficia respetar su individualidad. Con las destrezas adquiridas he mejorado mi manera de comunicarme y por supuesto ha mejorado mi relación con los familiares, colegas y clientes.

Ejercicio de poder

Pasos hacia la Victoria

1. Define con precisión qué es lo que quieres, y luego determina en qué tiempo lo deseas lograr. Para esto consulta el aterrizaje del Proyecto de Realización Personal (qué, cuándo, dónde, cómo, con quién, cuánto costará).

2. Desarrolla una estrategia; luego busca en el mundo a alguien que ya ha alcanzado esa meta. Hay que averiguar cómo lo hizo, repetirlo y modelarlo (no hay que inventar, la rueda está hecha). Busca en internet quiénes son "influencers" en lo quieres hacer.

3. Sé flexible para cambiar de estrategia cuantas veces sea necesario hasta que funcione. Mandela dijo: "yo nunca pierdo: cuando no gano, aprendo"

4. ¡Acción! Nada funciona si no lo intentas. Esperar que

todo sea perfecto es una ilusión. Es actuar en vez de pensar, hasta conseguir resultados.

Para conseguir estos resultados cuando estamos modelando a la persona exitosa prestemos atención a los siguientes aspectos y examina sobre todo si sus valores y creencias son cónsonos a los tuyos:

1. Compartir sus creencias y valores.
2. Seguir su estrategia mental.
3. Utilizar su estructura lingüística (su lenguaje verbal y corporal).

V

Vestido Interior: Inteligencia Espiritual

Después del gran aporte de Coleman (2012), compartiremos una inteligencia espiritual que es muy antigua y a la vez nueva. Se señala que hace unos 2.500 años, Buda la proyectaba como visión cabal, como la habilidad de tener una visión profunda de entender cómo realmente son los fenómenos, comprendía que se adquiría conocimiento y se alcanzaría felicidad por medio del sufrimiento.

Por otro lado, Pablo el apóstol escribió una carta a los Colosenses donde le decía a sus hermanos que oraba para que Dios les diera "inteligencia espiritual": Colosenses 1:9-10. La inteligencia espiritual trasciende las circunstancias, está basada en la sabiduría y es transpersonal, ya que se vive más allá del ego.

En el siglo 19 Simon & Binet introdujeron escalas para medir en qué nivel se encontraban los individuos en relación al razonamiento lógico, rimas e identificación de objetos, entre otros.

Por su parte Ian Marshall y Danah Zohar, en Cruz (2016), señalan que esto es algo que se encuentra en todo nuestro ser y nos aporta en lo práctico al resolver situaciones de valores y con gran significado. Se caracteriza por la habilidad de ser flexibles, tener conciencia de nuestro ser y poder evitar daños innecesarios.

Tony Buzan, Ramón Gallegos y Frances Vaughan, en

Cruz (2016), abogan por estimular el potencial de la inteligencia espiritual que abarca dentro de una cosmovisión completa de la vida, tener un propósito en ella, desarrollar la empatía, el constante amor, el deseo por la aventura, compañerismo y franqueza, reconociendo así, sobre todo, la gran importancia que tiene la paz, las liturgias espirituales y el poder que conlleva el amor.

Definiciones de conceptos para entender qué es inteligencia espiritual

Voy a tomar la definición de inteligencia espiritual de acuerdo a la interpretación de lo escrito por el Apóstol Pablo. Se encuentra en la carta a los Colosenses 1:9 (RVR ,1995): *"Por lo cual también nosotros, desde el día que lo oímos, no cesamos de orar por vosotros y de pedir que seáis llenos del conocimiento de su voluntad en toda sabiduría e inteligencia espiritual"*. Como ya hemos dicho, es una inteligencia que trasciende las circunstancias, se basa en la sabiduría y es transpersonal, ya que se vive más allá del ego. Si podemos definir los conceptos principales podremos internalizarlo y vivirlo para nuestro provecho. A continuación, definiremos: trascendencia, transpersonal, sabiduría e inteligencia espiritual.

Comenzamos con la palabra trascendencia que se refiere a traspasar límites, cuando algo causa impacto y levanta sensaciones profundas difíciles de olvidar. Se puede ver como lo que causa cambio y transformación en nuestra vida espiritual. Es aquello que está más allá del mundo natural o físico. El experimentar transcendencia se refiere a acercarnos a Dios a través de la oración y la meditación en su Palabra. Cuando trascendemos dejamos un legado que continuará cuando partamos de esta tierra. Existe un texto de la Biblia que lo explica con claridad: *"Y oí una voz del cielo que decía: Escribe lo siguiente: benditos son los que de ahora en adelante mueran en el Señor. El Espíritu dice: "Sí, ellos son en verdad benditos, porque descansarán de su arduo trabajo, ¡pues sus buenas acciones los siguen!"* (Apocalipsis 14:13). Aleluya, descansaremos de tantas tareas. Ahora bien, lo que hicimos no sólo trasciende (traspasa los límites), sino que nos acompañarán nuestras buenas obras. ¿Qué queda aquí? Lo que enseñamos, lo que sembramos y cuánto amamos quedará en el corazón de las personas con quienes nos conectamos y será un legado que vivirá de generación en generación.

La sabiduría, por su parte, ha sido el tema favorito de los filósofos, ya que es una fuente para comprender a Dios, a nosotros, a otros y al ambiente que nos rodea. El conocimiento en este texto se refiere a los que han conocido la verdad y se han apoderado de ella. Se conoce en griego como "Sophia" y es la habilidad de poder manejar nuestra vida de forma práctica, involucra el sentido común y la sensatez para delinear mejores planes y utilizar los mejores medios para lograrlos. La bendición de tener la capacidad de relacionarnos con Dios a través de la sabiduría manifestada por Jesús y revelada a nosotros por su evangelio. Existe un ejemplo en el libro de los Hechos de una situación que ilustra cómo la sabiduría es tan necesaria y práctica. Unos grupos entre los creyentes estaban desatendidos, la solución de los apóstoles fue encontrar hombres que contaran entre otras cosas con sabiduría para ejecutar el trabajo. *"Por lo tanto, hermanos, escojan a siete hombres que sean muy respetados, que estén llenos del espíritu y de sabiduría. A ellos les daremos esa responsabilidad"* (Hechos, 6:3).

La palabra utilizada aquí para inteligencia es "sunesis", palabra griega que significa unir mentalmente conocimiento, entendimiento, discernimiento. El sentido es que existe una conexión entre lo que pensamos y lo que hacemos. Por su parte espiritual se deriva del adjetivo de espíritu "neuma". Espiritual se traduce a palabras como respiración, espíritu racional que tenemos los seres humanos, disposición mental, principio vital, referente al temperamento. Les comparto lo que dice Pablo a la iglesia reunida en Galacia: *"Hermanos, aun si alguno es sorprendido en alguna falta, vosotros que sois espirituales, restauradlo en un espíritu de mansedumbre, mirándote a ti mismo, no sea que tú también seas tentado"* (Gálatas, 6:1). Sí, lo sé, es intenso este pasaje. Mi propósito es que entiendas que la inteligencia espiritual te ayuda a relacionarte satisfactoriamente con Dios, contigo, con el medio ambiente y con otros.

De una manera práctica declaro que la gente espiritualmente inteligente ayuda a su hermano a crecer, a mejorar con un espíritu humilde (mansedumbre), reconociendo que todos tenemos debilidades y fortalezas. No estamos para echarle tierra al caído, sino para levantarlo.

Cómo Funciona Nuestro Cerebro Espiritual

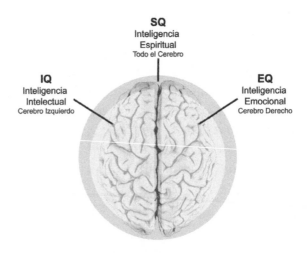

Se han hecho varios estudios relacionados a los efectos de

la vida espiritual en la actividad cerebral. En un estudio hecho por el Hospital General de Massachusetts junto a la Universidad de Harvard, en 2015, se encontraron resultados impresionantes. Descubrieron que los pacientes que oraban, meditaban y utilizaban técnicas de relajación redujeron en un 43 % los cuidados y gastos médicos. El tiempo en la hospitalización fue tres veces más en los que no practicaban los nombrados ejercicios espirituales. Pudieron comprobar los beneficios de asistir regularmente a la iglesia. Ancianos que no asistían a la iglesia demostraron el doble de incidencia de ataques comparado con cristianos practicantes y que asistían regularmente. Lo que hemos compartido desarrolla la resiliencia que es la capacidad de sobrepasar situaciones difíciles en la vida, salir victoriosos y ayudar a otros a salir adelante.

También se han conducido estudios en las cárceles, donde los reos practican diferentes religiones, siendo las principales prácticas la musulmana y el cristianismo. Lo que resultó en la reducción de la violencia reportada en la cárcel. Trajo disciplina y un mejor comportamiento que no fue producido de manera forzada, sino de manera voluntaria y a través de un proceso de crecimiento espiritual personal. La meditación y la oración en las instituciones antes mencionadas demostraron cambios significativos en las personas, que se reflejan en su salud emocional, física y espiritual.

Estos hallazgos son hechos probados, tal como lo investigó el Dr. Juan González, profesor de Psicología en la Universidad Carlos Albizu. Los ejercicios espirituales mencionados redujeron la ansiedad, la depresión, el fumar y el comer o beber en exceso.

En estos estudios se define la oración como una conversación con Dios siguiendo los preceptos de la religión, cultura y creencias de las personas. Y la meditación se refiere a la práctica espiritual y mental de atención plena. Yo considero que esta definición es excelente, ya que no contempla dejar la mente en blanco. Recordemos que nuestra mente es poderosa y podemos elegir de manera voluntaria cambiar los pensamientos negativos por positivos. *"Concéntrense en todo lo que es verdadero, todo lo honorable, todo lo justo, todo lo puro, todo lo bello y todo lo admirable. Piensen en cosas excelentes y dignas de alabanza"* (Filipenses 4:8, NTV). Es un estado consciente de enfoque y comunicación que reduce el dolor, aumenta la concentración, fomenta el aprendizaje, mejora el ánimo y reduce el estrés.

Se han efectuado varios estudios dirigidos al efecto de la espiritualidad en la salud de las personas. El Dr. Andrew Newberg, quien dirige la Facultad Médica del Hospital en Pensilvania, descubrió evidencia de sanidad a través de la oración y la meditación. Se utilizaron escáneres de resonancia magnética. La conclusión fue que hay poder curativo en la oración. También encontraron que la oración tiene el efecto de un entrenamiento cerebral. Newberg compartió en una entrevista que al ver cómo reacciona el cerebro a las prácticas espirituales, podemos concluir que es posible comunicarnos con Dios.

En uno de los estudios, con pacientes envejecientes con problemas de memoria, que, durante 8 semanas, por 12 minutos diarios, oraron. Encontraron resultados de mejoría notable, considerada como un rejuvenecimiento cerebral.

Ejercicio de poder

A continuación, te comparto los canales o formas en las que aprendemos, accedemos la información y la comprendemos.

Mini test:

Presentaremos unos verbos, subraya los que te aplican.

1. Prefiero mirar, escribir, presentarme (en vez de llamar por teléfono), señalar, describir (como se ven las cosas).
2. Prefiero escuchar, explicar, narrar, escuchar una clase grabada, escuchar música.
3. Prefiero sostener, sentir, tocar, moverme, armar piezas de algún objeto.

Respuestas

Busca en cuál de las tres aseveraciones subrayaste más verbos.

a. Visual
b. Auditivo
c. Kinestésico

- Existen otros canales como lo son el táctil y el olfativo sin embargo los agrupamos en estos tres principales.
- A continuación, te muestro que para cultivar nuestra vida espiritual existen los mismos canales de acceso para aprender, crecer y vivir.

Ambiente Natural	Ambiente Espiritual
Canales de Acceso	Cómo se manifiestan
Visual	• "Veo la gloria de Dios, tengo una visión" • Pasa tiempo de oración al aire libre ya sea el jardín, la playa.
Auditivo	• "Oigo Su voz, la fe viene por el oír". • Escucha de tus lecturas favoritas, música instrumental, la Palabra en audio.
Kinestésico	• "Siento el Espíritu, se me pone la piel de

	Gallina".
	• Danza, dibuja, trabaja con el barro, busca algo que te apasione hacer, hazlo tu ofrenda a Dios y disfrútalo.

VI

Robert Dilts: Inteligencia Espiritual (Transmisión)

Las creencias son muy importantes en la práctica del coaching espiritual. Se define como una generalización que hacemos sobre cierta relación a experiencias que hemos vivido.

Ejemplo. Creencia: "Las cosas en el mundo van de mal en peor".

Generalización de relaciones causales: ¿Qué crees qué causa tu falta de esperanza? Si crees que es castigo de Dios (las cosas que van mal en el mundo), condiciona la forma en que percibes los eventos.

Ejemplo. A nivel organizacional: aquí las cosas van de mal en peor.

¿Es el pastor? ¿Es el líder del grupo? Si creemos que existe, encontraremos la relación de la situación atada a la creencia.

Generalización sobre el significado de ciertas relaciones: ¿significa que soy un mal cristiano? Este significado determina nuestra actuación. ¿significa que he fracasado en mi misión?

Generalizaciones sobre los límites: creo que puedo crecer en mi relación con Dios, crecerá hasta cierto punto.

Desafíos de las creencias limitantes: "yo no tengo una vida espiritual plena ya que":

- La desesperanza: es imposible.
- La sensación de impotencia: "otros son muy espirituales yo no soy capaz".
- La sensación de no valer lo suficiente: "no me lo merezco, no me lo he ganado".

Ejemplo. Poniendo esto en contexto como en el hospicio: enfermedad terminal, sus creencias pueden impedir que hagan cambios en el manejo del paciente. La invitación en el coaching espiritual sería saltar de nivel hasta encontrarle sentido a su vida, querer vivir.

Es una causalidad que la recuperación de una enfermedad que amenaza la vida es re-misión. En el área de definir nuestra identidad tenemos una misión y en inteligencia espiritual implica *Transmisión*: algo transmitido y recibido y que atraviesa muchas misiones.

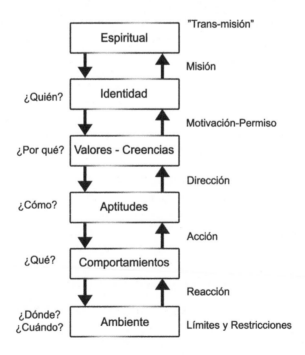

Para entender cómo funcionan los elementos de la tabla anterior vamos a definirlos. En nuestra vida existen conceptos como ambiente, comportamiento, aptitudes, valores, creencia e identidad. Aunque algunos los hemos mencionado, es importante abundar y entenderlos. Robert Dilts es un autor muy respetado en el área del coaching con el PNL (Programación Neurolingüística). Y explica de manera magistral cómo alcanzamos inteligencia espiritual.

Abre tu mapa de vida, tus valores y permite que juntos sigamos creciendo para vivir más allá de lo ordinario y elevarnos a las alturas.

La primera definición es el concepto *ambiente*. Se refiere al entorno que afecta a los seres vivos y los condiciona (hace que piense, sienta y actúe de cierta manera). Se refiere a la influencia del lugar donde viviste y vives actualmente; la ciudad donde te criaste, si te quedaste ahí o te mudaste varias veces. Las oportunidades que se te presentaron o las oportunidades que tú buscaste y aprovechaste. Dónde trabajas, estudias; cuál es tu modo de sustento o vocación. Y muy importante, las relaciones: padres, hermanos, amigos, vecinos, compañeros de trabajo, de estudios, hermano de la iglesia y familia extendida, entre otros.

El *comportamiento* es indispensable en nuestra formación espiritual. Se refiere a cómo es la conducta de las personas frente a los estímulos que recibe y cómo se relacionan con su entorno. Es importante saber cómo te sientes la mayoría del tiempo. Hay comportamientos que nos afectan, como la ira, la amargura y la tristeza. Otros que nos potencian como la paz, el amor y la alegría.

La inteligencia espiritual está muy relacionada a cómo reaccionamos a lo que pensamos y cómo sentimos en nuestras vidas. Cuando hablamos de las condiciones de las personas relacionadas a sus capacidades y posibilidades en el ámbito del aprendizaje le llamamos aptitudes, por ejemplo, cuando un niño muestra que al tocar la guitarra lo hace con destreza y cierta facilidad, su padre podría decir que su hijo tiene aptitud para la música. Es importante, para no privar a nadie de su potencial, saber que existen diferentes tipos de inteligencias. Este concepto desarrollado por Garner expresa que la inteligencia no se mide igual en todos los individuos, ya que los estilos en que aprendemos varían también de persona a persona.

Participé en un adiestramiento con una psicóloga y nos compartía que en una prueba es más importante cómo se desenvuelve la persona que la respuesta que el manual califica como correcta. Lo podemos comparar con una jovencita a la que le dan un problema matemático que no puede resolver (decir cuánto le costaría una docena de huevos). Según el manual existe una respuesta correcta, sin embargo, a la psicóloga le impresionó más la forma en que la chica expresó su respuesta. Dijo: "yo no sé cuánto cuesta la docena, lo que sé es que en esa tienda venden muy caro, lo compraría en otra tienda". Aquí la inteligencia emocional es más importante que la intelectual.

Los **valores** son pautas de comportamientos regidos por principios. Estos se van incorporando a través del desarrollo de nuestras vidas. Los individuos tienen valores, como también los tienen las compañías y organizaciones. Estos pueden nutrir, unir y dirigir para alcanzar metas en común. Algunos ejemplos son compromiso, lealtad, solidaridad y amor, entre otros. Existen personas que tienen valores equivocados, como individualismo, altivez y ser vengativo, entre otros. Es tiempo de conocer y escoger los valores que son como un faro que nos alumbra el camino y sacar de nuestras vidas los que nos hunden en las tinieblas.

Las **creencias** son las que nos impulsan o nos estancan. Es una idea que tenemos, que se considera cierta y se le da crédito total. Está muy relacionada a la interpretación que se le da a lo que hemos vivido. Las creencias son importantes para la espiritualidad, que se define como un paradigma que se basa en la fe. Se toman posturas en base a estos fundamentos.

A continuación, dos ejemplos opuestos relacionados a lo dantes mencionado. "No puedo apoyar una iniciativa contraria a mis creencias (ya que son budistas, musulmanes, etc.)". Por el contrario, existen personas que creen que "aunque continuó fiel a mis valores, respeto a personas que practican otras religiones y apoyo iniciativas de ellos de acuerdo a mis valores". El propósito del ejemplo, lejos de juzgar, es exponer a qué nos referimos con el concepto creencias y la importancia de descubrir cuáles son las nuestras

Dilts (2013), estudiando los niveles verbales de Jesús, descubrió que Él vivía desde el ser y por eso es capaz todavía hoy de inspirar y transformar a miles de personas. Su propuesta para vivir desde el ser es: primero, Amarás a Dios con tres elementos que poseemos: *fuerza*, **mente** y *corazón*. Y el segundo es ser congruente en tus relaciones: ama a tu prójimo como a ti mismo. Vivir a niveles espirituales es amar, perdonar, mejorar tus relaciones (con todo y con todos a tu alrededor). Hay mucho que aplicar y aprender en sus palabras y acciones. La forma en que Jesús pensaba y actuaba era y es poderosa. De hecho, Él tenía una manera profunda y sin embargo muy sencilla y práctica de transformar las vidas con un lenguaje narrativo llamado *parábola*. Contaba historias cotidianas referentes a su entorno utilizando semillas, piedras, tierra, clima, peces, árboles, frutos, dinero, administradores, negociantes, padres, hijos y en fin, todo lo que le rodeaba. Utilizaba esas narraciones para enseñarnos a vivir con plenitud, inteligencia espiritual y mejorar nuestras relaciones.

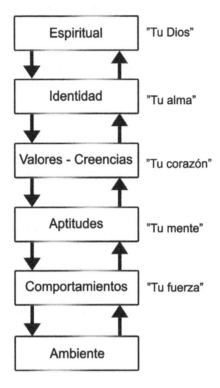

Albert Einstein, refiriéndose a su trabajo en la física dijo: "No estoy interesado en este espectro de luz o en cuánto pesa esta molécula o en cuál puede ser esta estructura atómica. Quiero conocer los pensamientos de Dios. Todo lo demás son detalles. Dios se muestra a sí mismo en la armonía de todo cuanto existe". En (Dilts, 2013, p.41). Y la física representaba su búsqueda de Dios.

Las personas pueden afectar al mundo a través de diferentes dimensiones o niveles como el ambiente, comportamientos, aptitudes, valores-creencias, identidad y nuestros niveles espirituales. Mientras más dimensiones usemos, más impacto tendremos. Cuando trabajamos en apoyar a la persona, familia y organización para lograr el cambio transformacional, los retos que encontramos se relacionan con diferentes dimensiones que debemos considerar.

Todos estos conceptos se entrelazan para darnos identidad, que es la conciencia que se tiene de uno mismo y que lo hace diferente a los demás. Quiero recalcar que las creencias son fundamentales, no sólo en los individuos, sino también en la cultura de la iglesia o entidades con base de fe. Compartimos unas creencias que nos añaden ánimo, valor y propósito. Una de ellas es que la pastoral es un llamado a acompañar a la comunidad de fe desde la cuna hasta la tumba. Se comparten nacimientos, bautismos, graduaciones, cumpleaños y cuando la persona tiene problemas legales, emocionales, o en sus relaciones. Y se da acompañamiento en situaciones de pérdida como casos de muerte, incluyendo funerales y duelo. Es una vocación y un llamado sumamente hermoso.

Termino esta sección compartiendo una creencia en mi vida que ha llevado mi barca siempre a un puerto seguro. Dios, en su infinito amor, nos hizo capaces de soñar, amar, sanar, libertar y dejar un legado. Este legado durará más allá de nuestra existencia en la tierra. Claro, poseemos la libertad de escoger cómo vivir y qué vamos a creer: Él nos hace una invitación irresistible a vivir desde el ser sal y luz.

Ejercicio de poder

En este punto te invito a que escribas la historia de tu vida, la mía está en el último capítulo. Fue un dilema añadirla, lo hice porque puede servir de puntal para tu desarrollo personal. Si queremos cambios y apoyar a otros en ellos, vamos a empezar por nosotros. Date permiso de llorar, enojarte, ser vulnerable, encontrarte contigo mismo, para que logres recobrar la fe, la esperanza y el amor que perdiste en el camino. Atrévete a vivir con más que una misión, busca transmitirla de una forma que trascienda.

Tu historia

En forma de un ensayo describe lo siguiente:

- ¿Cuándo naciste?
- ¿Dónde?
- ¿Cuál era tu composición familiar?
- ¿Eras hijo único, el del medio...?
- ¿Cuáles fueron tus mayores retos durante las diferentes etapas de niñez, adolescencia y juventud? Llévalo hasta la actualidad.
- ¿Cuáles fueron tus mayores victorias durante las mencionadas etapas?
- ¿Cómo te percibes?, ¿te ves a ti mismo?
- ¿Cómo percibes a los demás, a Dios y al ambiente en el que te desarrollaste?
- ¿Cómo era y es la relación con tu familia?, ¿cómo manejan los conflictos?, ¿cuáles consideras sean tus fortalezas y debilidades?
- ¿Cuáles son tus metas a corto y a largo plazo? ¿Tienes un plan trazado para lograrlo?
- Termina con una carta de empoderamiento para ti y para otros.

Si tienes que detenerte por un momento por los sentimientos que afloran, está bien. Sin embargo, termina la tarea, será para tu sanidad y verás cómo va cambiando tu percepción de todo. ¡Yo sé que lo lograrás!

VII

El Vestido del Ser

Vistiendo la mente de poder espiritual

Estamos en la era de la información, pensamos que conocer es poder y se recomienda tener una especie de gimnasio cerebral. Si las cosas que nos mortifican o dañan se arreglaran con información, la gente educada no cometería fraude, torturas y matanzas, entre otros. Están lejos de conocer quiénes son, para qué están aquí y a dónde van después que partan de este mundo. Están lejos de Dios, no es falta de educación, es pobreza espiritual. Efesios 4:23 nos llama a "*renovarnos en el espíritu de nuestra mente*". La Nueva Versión Internacional lo expresa como "*ser renovados en la actitud de su mente*". Significa que la mente tiene espíritu, afecta nuestras actitudes, emociones y la forma en que actuamos en la vida. Varias disciplinas como la psicología, coaching y la teología están de acuerdo con su importancia.

Nuestra mente tiene maneras de ver las cosas y diría que es como una vocecita interna que nos dice "así se hacen las cosas" o "hazlo". Estoy convencida de que leer nos informa, profundizar en las Escrituras nos transforma. Cuando decidí amar, conocer y seguir a Jesús hubo algunos cambios radicales y otros que llegaron poco a poco. Sin embargo, áreas de mi vida estaban fuera de control, fueron arreglándose teniendo una relación diaria e individual con Dios en oración y meditando en la Palabra. La verdad en mi práctica como pastora, consejera y coach, las personas esperan que llegue el día en que todo sea perfecto y sin contratiempos. Es una expectativa poco realista, estamos en continuo mejoramiento y crecimiento.

Poniendo lo que hemos compartido en contexto bíblico, compartiré una escritura que habla de la batalla que se da en nuestra mente: *"aunque vivimos en el mundo, no libramos batallas como lo hace el mundo. Las armas con que luchamos no son del mundo, sino que provienen del poder divino para derribar fortalezas. Destruimos argumentos y toda altivez que se levanta contra el conocimiento de Dios y llevamos cautivo todo pensamiento para que se someta a Cristo."* 2 Corintios 10:3-5 (NVI). Existe una batalla espiritual que se da en nuestra cabeza. Decía Martín Lutero que "no podemos evitar que los pájaros vuelen sobre nuestra cabeza, pero podemos evitar que hagan nido en ella".

Es importante el término fortaleza, que en la práctica lo podemos ver como castillos en nuestra mente que no permiten que conozcamos, amemos y sigamos a Dios. Cuando en el texto habla de la palabra mundo no se refiere a las personas sino a un "sistema del mundo o la sociedad" que nos impide vivir desde el ser. Alguien dijo que antes de hacer algo, primero seamos alguien. Esto se da a nivel personal y a nivel de nuestras culturas. Se crean fortalezas por décadas, por siglos, que han logrado cambiar las mentes y las leyes en nuestras sociedades. Algunos la han llamado conciencia social. ¿Cuál ha sido la estrategia? Pensar en esto nos ayuda a definir tres palabras que explican el proceso mediante el cual se forma una creencia, que puede ser potenciadora o que nos bloquea (nos impide crecer espiritualmente).

Concepto: es la forma de definir un objeto, teoría o género, por dar algunos ejemplos. Desde el gobierno hasta la prensa, en la actualidad existen varios conceptos que han cambiado. Antes, en un acta de matrimonio, existía un en encasillado para él y otro para ella. Ahora es A o B (se hace difícil definir el género hombre y mujer).

Creencias: son principios que rigen tu vida para empoderarte o para despojarte de vida abundante. Se puede mirar de diferentes perspectivas. Por ejemplo, para algunas personas la fidelidad es un valor, para otras la libertad sexual anula lo anterior.

Convicciones: nos llevan a actuar de determinada manera, ya el concepto pasó a ser una creencia y en esta etapa se convierte en un estilo de vida. En este punto existen personas que viven y mueren por ellas.

Conducta: aquí ya lo anterior salió de nuestra cabeza y se convirtió en acciones. Por ejemplo, la enseñanza de Jesús es que tratemos a otros como nos gustaría ser tratados. Un padre le gritaba a su hijo: "¿me escuchas?", su hijo le contestó: "lo que haces habla tan fuerte que no puedo escucharte".

Una vez que entendemos cómo se forman las fortalezas, vamos a definir el término argumentos. Algunas personas muestran mucha altivez, creen que lo saben todo y esto no ayuda a la curiosidad intelectual, ni a aprender y a crecer. Los argumentos pueden ayudarnos a probar un punto válido o pueden convertirse en excusas y formas de interpretar los eventos de forma negativa. Entonces se convierten en frases limitantes que pensamos, sentimos y decimos para justificarnos:

- La vida es tan dura.
- No puedo hacer nada bien.
- Todo lo que hago fracasa.

Los argumentos negativos afectan nuestra vida y nos llevan hacia expectativas poco realistas. Si repasamos las frases anteriores encontraremos palabras como: todo, nada (estas dos de acuerdo al contexto) y no. Y en la próxima lista existen otras dos que vamos a eliminar de nuestra boca: debo y tengo, ya que implican una obligación, algo que hacemos a la fuerza y no por convicción y por deseo propio. Existen tres argumentos que afectan nuestro ser:

- Debería irme bien todo en la vida.
- Los demás deben tratarme bien.
- Tiene que ser fácil alcanzar el éxito deseado.

Podemos cambiar nuestra manera de vivir si cambiamos nuestra manera de pensar. Podríamos avanzar en nuestro camino espiritual si viéramos las cosas de otra manera. Si estas últimas tres las sustituimos por frases como las que siguen, eliminamos las excusas y seguimos hacia adelante: cambiar el "¿por qué pasó esto?" por un "esto lo voy a usar para aprender y crecer".

- Esta vez las cosas no salieron como esperaba, sin embargo, las mayorías de las veces salen bien.
- Como la gente me trata no se relaciona a mí como persona, somos un espejo: proyectamos en los demás

nuestras propias miserias y basura o nuestra bondad y amor. Así que recuerda, cuando tratas a alguien de una manera que le minimiza o le lastima, estás proyectando tus propias debilidades en esa persona.

• El fracaso no existe, sólo estoy en un experimento con varios pasos que me llevarán al éxito deseado.

¿Cómo derribo argumentos limitantes? ¿Cómo se come una vaca completa? Pedazo a pedazo. Asimismo, separando uno a uno los argumentos y cambiándolos por convicciones de victoria y de celebración podemos avanzar hacia nuestra realización. Por ejemplo, podemos esgrimir el argumento de que "jamás saldré de tantas deudas". Los economistas afirman que la manera adecuada es hacer una lista de todas las deudas con las respectivas cantidades. Luego tomar la deuda más pequeña y elaborar una estrategia para saldarla. Igual como hacemos con una meta en nuestra vida, definimos cuándo, cómo, dónde, con quién y cuánto costará. Así, cuando saldemos una deuda celebraremos una victoria y luego vamos por la próxima (desde la más pequeña hasta la más grande), evitando que se forme una avalancha.

Ejercicios de poder

¿Cuál es el argumento que te ha hecho pedazos, con el cual tropiezas y que te mantiene sin avanzar?

_____

_____

1) Escríbelo con la palabra mentira antes del argumento.

2) Escribe la palabra verdad y en seguida una

afirmación que derrote el argumento.

Te comparto algunos de mis argumentos. Mi estrategia es aplastar las mentiras con una declaración de la Palabra (es verdad):

1. Mentira: "no tengo recursos suficientes"

- Verdad: Filipenses 4:19 (NVI)

Así que mi Dios les proveerá de todo lo que necesiten, conforme a las gloriosas riquezas que tiene en Cristo Jesús.

2. Mentira: "tengo miedo por lo que está pasando a mi alrededor y en el mundo".

- Verdad: Romanos 8:38-39. Reina-Valera, 1960 (RVR1960)

Por lo cual estoy seguro de que ni la muerte, ni la vida, ni ángeles, ni principados, ni potestades, ni lo presente, ni lo por venir, ni lo alto, ni lo profundo, ni ninguna otra cosa creada nos podrá separar del amor de Dios. Ni los temores de hoy ni las preocupaciones de mañana nos pueden alejar del amor y la protección que Dios nos da.

3. Mentira: "no sirvo para nada, nadie me quiere".

- Verdad: Isaías 43:4 (NVI). "A cambio de ti entregaré a hombres, ¡a cambio de tu vida entregaré pueblos! Porque te amo y eres ante mis ojos precioso y digno de honra".

VIII

Cambiando un Vestido Viejo por uno Nuevo

Existió un hombre llamado por Dios de nombre Gedeón. Al recibir el llamado a convertirse en un héroe que salvaría a su nación, puso mil excusas. "Yo soy el de menor edad en mi casa, somos pobres, nadie en mi familia cree en Dios..." La respuesta de Dios fue que fuera con la fuerza que poseía y le dio el secreto de la victoria: "te envío Yo".

Todas las fortalezas mentales que había levantado no le permitían ver que su asignación y la gloria de Dios eran más grandes que él. Su nombre significa en hebreo, "el que derriba cortando". Y eso hizo, derribó todas las imágenes de su familia, que en el sentido figurativo significa voy a derribar y cortar toda fortaleza que me limitó, empobreció y me ató a una vida sin propósito. Él se convirtió en un reformador y los que lucharon a su lado vitoreaban: "por Jehová y por Gedeón". Se convirtió en un ejemplo a seguir y nosotros estamos llamados a modelar para otros cómo vivir con una misión. Así dejaremos un legado.

En mi práctica como pastora, consejera y coach he visto una tendencia marcada en la sociedad actual a vivir en una disociación, en una desconexión que no es sólo interna, también nos desvincula de otras personas en su entorno y de Dios. Existe un bloqueo que nos aleja del conocimiento de

Dios y nos llena de pobreza espiritual. Ver lo que pasa en el mundo es desastroso; la gente escapa de la angustia que vive usando drogas (de manera prescrita o de manera ilegal). No estoy en contra del tratamiento médico, lo que digo es que a veces se recetan medicamentos hasta para atravesar la pérdida de un ser querido.

Cuando la muerte se acepta como parte de la vida, el dolor tiene una función y es el momento para ser consolados y acompañados. Y en el caso de los que creemos en la vida después de la muerte es la oportunidad de afirmar la esperanza de un cielo sin enfermedad ni dolor para el que cree en Jesús, quien con tierno amor enseñó que en la casa de su Padre nosotros tenemos nuestra morada y que Él personalmente prepararía lugar para nosotros.

La propuesta que propongo para vivir desde el ser es aprender a vivir como las palmeras. Sí, las palmeras, que son conocidas por su belleza, fortaleza y por sus frutos. Hoy te voy a hablar de la palmera datilera, que crece en lugares áridos y secos como África y el Oriente. Es muy especial, ya que bajo condiciones climáticas muy desafiantes ella da fruto y florece. Para los griegos y hebreos era símbolo de triunfo; para los paisajistas, la más majestuosa de las plantas.

Yo, que vivo en una isla azotada por los huracanes, donde las palmeras son de coco, pero se comportan igual que la datilera, ya que se doblan con la fuerza del viento, mas no se caen. He visto arrancados de raíz muchos tipos de árboles por los vientos, como flamboyanes, cedros y ceibas; mas no así las palmeras.

Una curiosidad de la datilera es que se multiplican por sus

frutos, que pueden producir hijuelos y llegan a ser idénticos a la palma madre. En los lugares donde crecen por su cuenta, por debajo corren corrientes de agua y oasis que calman la sed de los sedientos y dan de comer a quien lo necesite. La analogía consiste en que los seres humanos fuimos creados por Dios para ser como palmeras, para florecer, dar frutos, embellecer y ser fuentes de manantiales que refrescan y dan vida. La Palabra de Dios dice: "*El justo florecerá como la palmera...*" Salmo 92:12.

Haciendo una analogía entre nosotros y la palmera, poseemos cuatro ramilletes de frutos: uno representa nuestra relación con Dios, los otros la relación con nosotros mismos, con los otros y con nuestro medio ambiente. Esta es la propuesta bíblica y la mía: Dios-nosotros-otros-ambiente. Todo integrado, porque separados no lo podemos lograr.

Te propongo a que cada ramillete de fruto represente cuatro conexiones en nuestra vida que definirán nuestro destino. La primera simboliza nuestra forma de relacionarnos con Dios. Cuán íntima es nuestra relación con Dios, que le hablemos, le escuchemos y cumplamos con su asignación para nuestra vida. Para esto es importante afirmar nuestra identidad en lo que dice Dios de nosotros, no en opiniones de los demás.

En segundo lugar, cómo nos relacionamos con nosotros mismos. Quiénes somos, qué queremos, cuándo lo queremos, dónde y cuánto nos costará.

Tercero, analizar nuestras relaciones interpersonales, desde las más íntimas a las más casuales. Y todo lo que implica amar, ser firme, establecer límites, perdonar, retribuir, acercarnos, alejarnos y dejar de victimizarnos.

La cuarta es tan importante como las demás: nuestra relación con nuestro ambiente: el aire que respiramos, conservación de los recursos naturales, fuentes alimenticias y cosas que administramos para mejorar nuestra calidad de vida. Digo administrar, ya que parto de la premisa que todo es de Dios, así que yo administro bendiciones que Dios me ha confiado: tiempo, tesoros y talentos.

Las fortalezas que hemos creado en nuestra mente nos impiden conocer a Dios, a nosotros mismos, a otros y a nuestro ambiente. Quiero culminar con un ejemplo práctico de cómo nosotros tomamos la responsabilidad de las conexiones de nuestra vida y cómo el todo es más importante que la suma de sus partes.

Tuve la grata oportunidad de tomar un entrenamiento de educación continua con una patóloga del habla. Entre las cosas que se compartieron existen varias de especial atención. Una de ellas era que los padres pretenden que en las escuelas enseñen a sus hijos a ser responsables, respetuosos y hablar correctamente. Es verdad que podemos aprender muchas cosas buenas allí, pero está probado por la psicología que los años cruciales para la formación de la personalidad son entre los primeros cinco a siete años de edad. Antes de entrar a la escuela se forman los vínculos más significativos. La patóloga compartió que cuando nació su hija cambiaron muchas cosas. Quitó los canales de televisión que se pagan por ver, jugaban a pretender, representar obras teatrales, jugaban a sumir roles de profesiones y desempeñar tareas. En fin, la educación comenzó bien y produjo una profesional que hace lo mismo con sus hijos, ama, se relaciona con otros adecuadamente y desarrolló un lenguaje extenso. En otras palabras, pagamos por las terapias del habla, vocabulario que pudo ser desarrollado en el calor del hogar. Nunca es tarde para cambiar nuestra manera de pensar y de actuar. Somos como la semilla de la palmera, si cumplimos con nuestra misión, germinaremos, creceremos y floreceremos nosotros y todo lo que nos rodea.

Ejercicios de poder

A continuación varias maneras de alcanzar victoria sobre los pensamientos circulares (que nos estancan y limitan la acción), a través de nuevas creencias, vivencias y memorias.

Cultura (medio ambiente)	Destruyendo (creencias limitantes)	Palabra de Dios (Nueva Visión y Misión)
Vivencias (Diario vivir)	Derribando (desconexión)	Compartir con gente de fe (Nuevas Vivencias)
Pensamiento (Mundo interior)	Cautivando (Heridas de la niñez)	Oración y Meditación (Nuevas Memorias)

Las creencias limitantes, la desconexión y las heridas recibidas desde temprana edad nos mantienen destruidos, derribados y cautivos. La buena noticia es que existen otras maneras de ser y de vivir la vida. En la Palabra dice que cada día *"nos despojemos del viejo hombre y nos vistamos del nuevo"*. El ejercicio es el siguiente:

- Escribe en un papel una creencia limitante que quieres sacar de tu mente.
- Ahora escribe una nueva creencia potenciadora

(revisa el ejercicio de mentira y verdad para ver ejemplos).

- Cada vez que te venga a la mente la creencia limitante la vas a aplastar con la creencia potenciadora.
- La vas a decir en voz alta y con seguridad. Si estás rodeado de gente y no puedes hablar, escríbela y repítela en tu mente por 21 días consecutivos.

Con la desconexión es importante que te estires, salgas de la zona del aislamiento y programes (con fecha, hora y lugar) el conocer gente nueva. Por ejemplo, sonreírle y darle los buenos días a gente que no conoces, visitar sitios nuevos (teatros, reuniones de ayuda a la comunidad, etc.).

IX

Enfilando Hacia una Nueva Realidad

Tenemos posibilidades infinitas de hacer cosas diferentes, ir a sitios diferentes y conocer personas diferentes. En otras palabras, es necesario crear realidades diferentes para obtener resultados satisfactorios en nuestra vida. Sin embargo, seguimos la misma rutina a diario, sin apreciar que nuestra existencia es valiosa. En un tiempo de mi vida las preguntas: ¿Quién soy?, ¿para qué estoy aquí?, daban vueltas en mi cabeza. Hoy sé para lo que Dios me creó y quién soy. Espero que también puedas encontrar las respuestas a tus preguntas vitales.

Uno de los temas es hacernos las preguntas correctas que en el coaching son preguntas poderosas. Podemos preguntarnos: ¿Quién soy?, ¿de dónde vengo?, ¿qué hago aquí? y ¿hacia dónde voy después de morir? Así como otras preguntas dirigidas a cómo funcionan las cosas en el universo, en nuestro cuerpo, entre otros, han precedido grandes descubrimientos en el campo de la ciencia, filosofía, teología y han traído grandes descubrimientos. Las preguntas representan un viaje de expedición a descubrir cosas fascinantes que desconocemos.

Nuestro cerebro tiene un poder enorme de procesar información (400 mil millones de bits), sólo usamos dos mil millones. Esto se debe a nuestros filtros y juicios mentales, dejan fuera tantas formas creativas y diferentes de resolver problemas, ser más felices, saludables y, en fin, vivir una vida de abundancia y plenitud.

Este acondicionamiento se debe la mayoría del tiempo a que nos aferramos a las vivencias que vivimos en el pasado, ignorando que de la misma manera que accedemos nuestro pasado podemos acceder al futuro y crear nuevas realidades. Esto no altera lo que hemos vivido, sin embargo, trae una lluvia de bendiciones en el aquí, en el ahora y en el más adelante de nuestras vidas. Sólo sabiendo que nos auto-limitamos por nuestra manera de percibir la realidad es que podemos cuestionarnos y cambiar. Sólo así veremos que podemos soñar con nuevas realidades que cambiarán nuestra situación actual.

Existe una forma de empoderarnos, y es asumir nuestra responsabilidad en todos los asuntos que nos rodean. Por ejemplo, si llegamos tarde la mayoría del tiempo, siempre existirán excusas: el tráfico, mi hijo se tardó, no sonó el despertador. Las consecuencias son inevitables, desde una amonestación hasta un despido. Ahora bien, qué pasa con la persona que siempre llega 15 minutos antes, quizás es tu vecino. Él ha creado otra realidad: prepara su ropa la noche antes, verifica si su carro tiene suficiente gasolina, se acuesta temprano, etc. No es cuestión de suerte, es la conciencia de que "yo y solo yo soy responsable de mi realidad".

Existen varios estados de conciencia, pero los más elevados los experimentan, los que están conscientes de su responsabilidad en los resultados que obtienen.

Cuando erramos al blanco y algo no sale como esperamos, buscamos refugio en Dios para recibir respuesta de cómo podemos cambiar; a eso se le llama iluminación. Es cuando estás en un callejón sin salida, crees que llegó tu fin y que se terminaron tus posibilidades. De repente dices: "Dios ayúdame", y dentro de ti oyes una vocecita que te dice: "y si...", de repente se ilumina todo, está claro, ya sabes qué hacer y dices "me estaba ahogando en un vaso de agua". Eso es iluminación, aprendizaje, transformación, cambio de mente y de conducta. Es la misma definición de arrepentimiento en el Nuevo Testamento (cambio de mente y de conducta). Nada tiene que ver con lloriquear, es... llorar, secarnos las lágrimas, decidir sentir, pensar y vivir de otra manera.

Es indispensable discernir cómo funciona nuestro cerebro, esto tocante al aspecto emocional. Percibimos las cosas y éstas cobran un significado diferente cuando traen una carga emocional. El cerebro se engaña fácilmente y no puede distinguir entre lo que recordamos de un acontecimiento y cómo lo percibimos (si nos produjo coraje, emoción, miedo o alegría). Lo que es realmente la realidad es difícil de definir. Esto es así ya que recibimos un sinfín de información en nuestro cerebro, pero sólo recordamos lo que nos interesa y produjo fuertes sentimientos en nosotros. Por eso, las expertas del marketing de belleza afirman que las mujeres compramos por emoción. Si pasa el *momentum*, se cae la venta.

Es extraordinario; ya que el contestarnos algunas preguntas cambiaría nuestra realidad: ¿ya es el momento de dejar el trabajo que me tiene enferma e insatisfecha?, ¿debo escuchar esa voz que me dice que tengo una misión en la China? Todo esto es importante, ya que a través de grandes preguntas las pasadas generaciones pudieron deshacerse de los mitos, como el de que la tierra era plana. Esto a pesar de que grandes visionarios sabían que existía otra realidad. Hasta la Biblia menciona que la tierra era redonda; en Isaías 40:22 Reina-Valera 1960 (RVR 1960) *"Él (Dios) está sentado sobre el círculo de la tierra, cuyos moradores son como langostas; Él extiende los cielos como una cortina, los despliega como una tienda para morar"*. Además, comenta el libro de Job que la tierra está colgada sobre la nada, una clara referencia a que gira sobre su propio eje.

He dado por sentado muchas cosas en mi vida que me han mantenido insatisfecha, amargada, con falta de amor propio y deprimida. Todo este conocimiento, aun cuando no actúo 100 % de acuerdo a mis creencias, me dice que la transformación es posible, y yo la quiero. Más allá de que soy una mujer de fe y que soy una discípula apasionada de Jesús, quiero ver cambios en mi vida. En este proceso asumo la responsabilidad de hacer los cambios necesarios en las áreas de más reto en mi vida, que son la salud, las finanzas y el área profesional. Puedo percatarme de que he trabajado con constancia mis relaciones familiares, mi vida espiritual y desarrollo personal. Así que lo que voy a hacer es convertir mis debilidades en oportunidades de crecimiento para vivir desde el ser.

Ejercicio de poder

Haciendo cosas diferentes

Simplemente, cuando haces cosas diferentes tu cerebro se fortalece, tu espíritu se nutre, tus emociones y pensamientos se alinean. A continuación, varios ejemplos:

- Levántate temprano.
- Lo primero que hagas sea dar gracias.
- No leas e-mails o mensajes hasta después que hagas lo importante, no lo urgente.
- Chica, maquíllate diferente, cambia de peinado.
- Cambia de ruta: en mi país es más largo el camino cerca de la playa, sin embargo, la ruta es más bella.
- Ejercítate y hazlo bendiciendo a los demás: en tu tiempo libre, corta la grama de tu vecino envejeciente, ayuda a limpiar la casa donde vives, lleva a alguien que no tiene carro a hacer compras o ir al médico.
- Estírate, ve más allá de los límites que te has impuesto, recuerda que tú eres el milagro, la respuesta divina a la oración del otro.

X

El Poder de la Inteligencia Emocional

Estar consciente es vivir con plenitud. Cuando fantaseamos vivimos en el ego. Por ejemplo, pienso hacer una llamada; sin embargo, en mi mente digo: y si no está, estará ocupado, es muy temprano, etc. Desde esta perspectiva no se logra la acción ni resultados. Lo que pasa es que mi ego está engrandeciendo las emociones que me desconectan de mis acciones y de mí misma. La razón es que no quiero aceptar la realidad. Así que el tema a tratar en este capítulo es el autoconocimiento, que es la capacidad de manejar nuestras emociones y está relacionado a nuestras creencias. Es un compromiso de ser selectiva conmigo misma y con lo que me rodea.

Si me conozco, estoy abierta a cambios, no me pongo límites, me motivo y traigo alegría a mi vida. Nosotros contamos con cuatro cuerpos: el cuerpo físico, el cuerpo mental, el cuerpo emocional y el cuerpo espiritual. En el cuerpo mental se gestiona el "no puedo", "no tengo". Lo que pasa en uno afecta al otro.

Cuando nos enfermamos, puede verse como una bendición, porque nos dice que hay algo que nos hace daño y tiene que salir. Sin embargo, vamos al médico y nos da una pastilla mágica que no cura, sino que ramifica la emoción.

Es importante definir qué es la emoción para que podamos sanar. La emoción es un sentimiento, una sensación que crea una impresión y que nos ofrece la energía para que estemos sanos o enfermos. Los pensamientos juegan un papel importante en este punto. Surgen de nuestra postergación, que es algo que no he hecho, que necesito hacer. Para manejar nuestras emociones nos ayuda meditar en la Palabra, conocer a Dios, conocernos a nosotros mismos y la relajación a través de la respiración profunda. La acción es indispensable. Mientras más me muevo, más vivo en salud, o de lo contrario enfermo.

En este punto, el miedo es otro tópico de importancia. Surge cuando salimos de nuestra zona cómoda. Cada nuevo cambio es desconocido y viene el miedo. Los miedos son nubes negras que creamos nosotros mismos cuando no creemos en nuestras capacidades. Por ejemplo, te ofrecen un trabajo y te emocionas porque tienes trabajo. Luego viene la nube negra de la duda de si podrás con el trabajo. Esto te aleja de la confianza y de creer que vas a estar bien y que será divertido. Cambiamos nuestra vida cambiando los pensamientos. Los pensamientos alteran el estado de ánimo y las emociones.

La empatía es importante en la inteligencia emocional, que es entender el punto de vista de la otra persona. Esto puede darse sin involucrarnos emocionalmente, evitando unirnos de manera malsana con las emociones y sentimientos de la persona. Algunas herramientas que nos ayudan son esperar a que la persona nos pida algo o preguntarle lo que necesita. Si la persona sólo viene a desahogarse, no demos consejos que no ha pedido. Existen varias herramientas del coaching que afinarán nuestra inteligencia emocional. Por lo general, en 30 días se borra un patrón de nuestra memoria celular y en 90 días se genera un cambio de conducta. En otras palabras, lleva tiempo y hay que seguir el proceso, o no se da.

Es útil, antes de salir de casa, que puedas hacer algo por ti, por ejemplo, maquíllate, y si no lo acostumbras, cambiar el reloj de mano, llamar una amiga, comer otra comida, etc. Por pequeño que sea un cambio, puede generar bienestar y seguridad.

Finalmente, el juicio y la comprensión son temas a tratar para aumentar nuestra inteligencia emocional. Cuando juzgo a alguien me proyecto (me reflejo en la otra persona y lo juzgo por las características que yo misma poseo o por algo que carezco que ella tiene). Esto surge cuando estoy aburrida de mi vida, atrasándome con mis miedos y mis excusas. Si afrontamos estos sentimientos en nuestro ser, van eventualmente a desaparecer. En este punto la primera respuesta es la real, me pone en movimiento, me hace consciente. La segunda respuesta y la tercera es la mental, y trata de boicotearme.

Alguien dijo "lo que haces es que habla tan alto que no puedo escuchar lo que dices". Lo que tiene más fuerza en la comunicación es el lenguaje emocional (un 93 %, incluye el lenguaje verbal y las emociones que lo acompañan). Las palabras sólo constituyen un 7 % de la comunicación. Inclusive si cruzamos los brazos o las piernas, estos simples gestos pueden gritar: "no voy a cooperar, no estoy dispuesto a participar". Nuestras habilidades de coach se agudizan cuando hacemos silencio y escuchamos atentamente, concentrándonos en la densidad emocional más que en las palabras.

Es fascinante observar cómo la inteligencia emocional influye en nuestro estado emocional y en el de otros. He aprendido que en todo lo que yo invierta en mejorar, culminará en el mejoramiento de los demás y de mi ambiente. Veo de manera diferente cómo estar presente para otros y para mí misma. En mi matrimonio nos ha llevado a un disfrute más intenso de nuestra intimidad en todos los aspectos. Con mis hijas me tomo más tiempo y disfruto los momentos que compartimos. En todas mis vivencias hago que sean nutritivas, de aprendizaje y crecimiento. Y he aprendido a ser generosa conmigo, amarme, perdonarme y ser feliz.

Ejercicio de poder

El Perdón

Como lo señalamos al final del capítulo, es un tema crucial para disfrutar inteligencia emocional y espiritual.

- Toma un papel y escribe el nombre de personas que no has perdonado.
- Luego escribe quienes tú piensas que no te han perdonado a ti.
- Escribe qué cosas no te has perdonado tú misma.
- Finalmente, las cosas que no le has perdonado a Dios.

Sé honesto contigo mismo, no tienes que compartirlo con otros, date el permiso de sacarlo afuera. Es importante, ya que si no cierras el ciclo no vas a avanzar. Ten claro que perdonar no es olvidar, sino poder recordar sin amargura. No implica restaurar la confianza o la relación, sobre todo cuando hemos sido víctimas de abuso, sea emocional, espiritual, verbal o físico. Sólo que si sigues guardando, pensando y sintiendo lo que te hicieron, vivirás como en una cárcel. En este caso la puerta abre desde adentro, tú eres tu propio carcelero o tu libertador. Para ser libre de esa prisión, tú tienes la llave, que es el perdón. Es una decisión que vas a tomar y con el tiempo, te sentirás mejor.

1. Finalmente, piensa en las ofensas que les has hecho a otros. El Padre Nuestro es una oración que muchos saben de memoria y reza "perdona nuestras ofensas, así como nosotros perdonamos a los que nos ofenden". Perdona como ya fuiste perdonado.

2. ¡Eres de los poderosos que van más allá! En el próximo capítulo compartiré cómo llevar el perdón y el amor a otra dimensión. ¡Bendecido!

XI

Cómo Llevar el Vestido de la Intensidad

La película con su nombre en español "Intensamente" es genial ya que trajeron al mundo de las caricaturas cómo funcionan las emociones en nuestra cabeza. El personaje principal es Riley Anderson, una alegre niña que tiene que mudarse a otro estado por motivo de trabajo de su papá. Fue un cambio radical y aquí es donde sus emociones cobran vida. Las emociones son caracterizadas por los personajes: Alegría, Asco, Ira, Tristeza y Miedo. Lo más interesante es que es divertida para los niños y profunda para los adultos. La inteligencia emocional es vital para superar los retos de la vida.

La trama explica de manera magistral cómo actúan nuestras emociones durante la niñez, aunque al final nos da una pizca de cómo funcionan en los adultos. La Ira se encarga de la defensa de nuestros límites ante las injusticias y situaciones de conflictos interpersonales. El Asco se encarga de complacer nuestros gustos y rechazar lo que no nos gusta. Nos defiende, además, de contagiarnos de enfermedades. El Miedo ha sido un sentimiento mal entendido ya que lo calificamos de malo. Sin embargo, es importante el balance. Por un lado, ayuda a sobrevivir; demasiado nos consume la vida y afecta nuestro ser integral.

Se le dedica especial atención a la Alegría y a la Tristeza. Gracias a la Alegría podemos disfrutar, sonreír, celebrar las victorias, ver el futuro con esperanza y ayuda a que se repitan conductas deseadas. En la trama, la Alegría desea a toda costa que la Tristeza no toque nada para que la niña no se ponga melancólica. Todos los sentimientos en el centro de mando (el cerebro) huyen de la Tristeza. Muy cerca del final de la película todos podemos reconocer que es una columna fundamental para la integración de nuestro ser. Cuando nuestro corazón se hace pedazos por las pérdidas, desaciertos, dificultades o enfermedad, la Tristeza nos ayuda a reflexionar, sanar y concluir ciclos importantes para desarrollar resiliencia, que es la capacidad humana de superar con salud integral (emocional, física, mental y espiritual) grandes dificultades en la vida.

Entre algunos de los muchos puntos discutidos en la película se encuentra el subconsciente. De forma curiosa se representa como una cárcel custodiada por dos policías. Podemos encontrar allí cosas que no queremos recordar como traumas, temores y memorias dolorosas. Imaginalandia, por su parte, es un lugar fascinante donde se da rienda suelta a la imaginación, una cualidad que con frecuencia pensamos que es sólo para los niños. Puede sorprendernos que la imaginación en la vida adulta es indispensable para tener una visión clara de hacia dónde queremos ir y es muy importante para sanar traumas, cambiar películas mentales, liberar emociones e imaginar una vida plena y abundante.

De manera personal, el tema de las emociones me ha

cambiado la vida. Sobre todo en mi formación espiritual, ya que existe una creencia de que son malas y hay que negarlas o suprimirlas. No se dice tan crudo, mas así se enseña en el ambiente eclesiástico. En mis lecturas e integrando los conocimientos que he adquirido del coaching me percato que en la Biblia los autores presentan un sin número de veces a Dios alegre, con ira, tristeza entre otras. Esto es revelador para mí ya que me desempeño como pastora y me han enseñado que en la Biblia le han asignado características humanas a Dios. Pensando yo acá, ¿no será que esos sentimientos nos los puso en el paquete porque somos hechos a imagen y semejanza de Él? En el ámbito personal a través del coaching y la inteligencia emocional he aprendido lo importante que es la buena gestión de las emociones, no sólo en nosotros, sino en otros. Mis relaciones interpersonales han mejorado utilizando técnicas del coaching tales como escucha activa, comunicación asertiva, preguntas poderosas y responsabilidad.

Ejercicio de poder

Es sorprendente cómo nuestras declaraciones, lo que decimos de corazón, nos lleva a ser sanos emocional, física y espiritualmente. En la 1era Carta de Juan dice que *"Dios desea que seas prosperado, bendecido, que tengas salud en todas las cosas. Que esa bendición sea en alma, cuerpo y espíritu"*.

Te comparto una técnica que conocí a través de el Dr. Jeff García, fundador de varias organizaciones entre las que está la ACCA, donde me formé como coach profesional. Usando esta técnica, un psiquiatra logró en sólo tres días que una sala psiquiátrica volviera a tener paz y armonía, en donde Él ni siquiera vio a las pacientes, sólo sus expedientes y con los respectivos nombres repitió cada día, varias veces, las frases a continuación.

1. La técnica se basa en la repetición de ciertas frases, y viene del Ho'oponopono (sistema de sanación físico, mental, emocional). Las frases son:

- Lo siento.
- Perdóname.
- Gracias.
- Te amo.

2. De 4 a 5 veces al día diciendo el nombre de la persona repites esas 5 frases. ¿Qué personas? Las que no les hablas, las has dejado atrás. Las que no has perdonado, las que fueron importantes en tu vida y por cualquier razón que se te ocurra has perdido contacto.

3. Llévalo a otra dimensión

Te comportado cómo lo hice: llamé a la persona y le dije:

"Hola Fulgencio (nombre ficticio), te llamo para saber cómo estás. Dejé que hablara (su reacción fue de sorpresa y alegría). Te llamo para decirte que siento mucho no haber llamado antes, por favor perdóname por todo el dolor que te pude causar. Gracias por atender mi llamada, por los momentos vividos y por poder nuevamente contactarnos. Te amo, siempre has tenido y tendrás un lugar en mi corazón, en el de mi esposo y en el de mis hijas.

Sorpresa, el alejamiento no tuvo nada que ver con mis

presuposiciones, ni siquiera conmigo.

4. Quieres estirarte más: Ora diariamente por ellos. Habla con Dios y dile cuánto sientes esta desconexión. Pídele que por favor te dé fuerza y valor para hablar en persona; agradece la bendición que fue y seguirá siendo ella en tu vida. Y por último, exprésale a Dios cuánto lo amas a Él y a esa persona.

4. Después, haz una cita para hablar con esa persona. ¡Tu liberación será sobrenatural!

XII

Escogiendo Poderosas Creencias que nos Hacen Lucir Bien

Para poder cambiar de creencia con PNL (Programación Neurolingüística), Dilts (2013), establece que es importante identificar los siguientes retos dentro las creencias: la desesperanza, la sensación de impotencia y la sensación de no valer lo suficiente; para ello, es efectivo seguir cuatro pasos para poder tener un cambio de creencias con resultados.

El primer paso, identificar *la conducta o la creencia problemática*. Comúnmente ésta sale a flote ante una "crisis", resultado de expectativas irreales o no realizadas. El segundo paso es poder utilizar el sistema de PNL adecuadamente, apoyando al individuo para "separar la voz de sus sentimientos". Éste se logra con creatividad y una buena retroalimentación en la interacción entre ambos. En el paso número tres, una vez que se hayan comunicado, se le "refirmarán los recuerdos visuales de éxito" para que pueda relacionarlos con las metas. Y el último paso, es la de "modificación de los objetivos" que ha asimilado y reconocido en los recuerdos visuales y a través de otros sentidos.

Existen diferentes obstáculos que podemos encontrar al

modificar nuestras creencias y estos son algunos:

1. Soñar con peces: Es no dar por cierto todo lo que dice el cliente, es necesario sopesar la conducta más que las palabras.

2. Las pistas falsas: Las personas utilizan las explicaciones lógicas para exponer sus comportamientos. A esas explicaciones lógicas se le conoce como "pistas falsas", sabiendo que esas explicaciones no son la causa de esos sentimientos, sino que son conflictos internos.

3. La cortina de humo: Es cuando en nuestra intervención profesional nos encontramos con una creencia que se relaciona a un evento que marcó la vida del cliente de manera que le causó un trauma. Cuando se está llegando a ese punto se activa un mecanismo de defensa. En consecuencia, nos sentimos desorientados. Es entonces cuando hay que indagar con paciencia, ya que ahí está el meollo del asunto que se necesita ventilar y resolver.

El proceso de identificar nuestras propias creencias no suele ser sencillo. Existen creencias limitantes y creencias potenciadoras. Son importantes ambas, ya que las limitantes nos detienen y las potenciadoras nos empoderan a alcanzar el resultado deseado. Las creencias suelen ser tan poderosas que llegamos a creer que somos lo que creemos. Por ejemplo: "yo soy así y no puedo cambiar", "soy bipolar" entre otros. Lo lamentable es que muchas veces no conocemos el verdadero significado de esas afirmaciones y el poder que ejercen sobre nuestras vidas esos decretos. En la psicología se conoce como "la profecía auto realizable". Nuestro cerebro funciona a base de representaciones y no existe diferencia entre sucesos recordados o imaginarios. Sorprendentemente, se utilizan las mismas células en ambos casos.

Algunas personas piensan equivocadamente que sus creencias equivalen a su identidad. Cuando se etiqueta a alguien con un diagnóstico como por ejemplo depresivo, la persona dice "soy depresivo", cuando en realidad es un diagnóstico que no es parte de su personalidad. Si nosotros deseamos cambiar una creencia necesitamos tres pasos: saber cómo hacer lo necesario, tener un objetivo definido y creer que el cambio es posible. La eficacia del Coach consiste en identificar la estructura del pensamiento del coachee y los sentimientos que lo acompañan. Por un lado, las estrategias de creencias están ligadas a lo que creemos más que a las cosas que vivimos. Es importante identificarlas, pues están presentes de manera inconsciente y pueden empoderarnos o limitarnos. Es puntual identificar seriamente lo que creemos acerca de nuestros talentos y habilidades. Al que cree todo le es posible.

Un aspecto importante son las improntas, que son recuerdos de acontecimientos que pasaron y dejaron en nosotros heridas o marcas, por lo cual están en el inconsciente. Salen de allí a causa de anclas provenientes de un proceso de estímulo. Por ejemplo, si una joven tuvo un novio maltratante que usaba cierta marca de perfume, al aparecer alguien con ese perfume va a anclar en ella un estímulo que provocará un sentimiento desagradable que le recordará el evento pasado. No toda impronta ha de ser negativa, existen recuerdos agradables que producen creencias potenciadoras. Por otro lado, las que provienen de experiencias traumáticas producen creencias limitantes que no nos permiten superarnos.

El asunto importante es cómo el profesional del coaching puede apoyar a su cliente e identificar una creencia. Primero hay que identificar algo que se desea cambiar desde hace mucho tiempo y no lo ha logrado. No basta sólo con identificarlo, es importante querer el cambio, saber cómo lograrlo y accionar para alcanzarlo. Es indispensable, además, identificar las incongruencias, ya que ocasionan una especie de boicot que nos impide alcanzar resultados. Es una lucha intuitiva e inconsciente entre dos creencias que se oponen entre sí. Es como el que quiere rebajar, pero compra alimentos que son poco nutritivos sólo porque le gustan. Por eso es importante captar lo que los cinco sentidos nos dicen para convertirnos en personas con un peso saludable. Hay que utilizar los sentidos a nuestro favor, al igual que las capacidades, creencias, personalidad y comportamiento. Todo esto fortalecerá nuestra identidad y nos dará equilibrio mental, emocional y espiritual.

He aprendido que las cosas que creo definen cómo me comporto en mi ámbito familiar, personal y espiritual. Descubrí que es importante conocer mis valores y que estos sean congruentes a mis creencias y comportamientos. He descubierto creencias limitantes de mi niñez muy relacionadas a la escasez. Sin embargo, con las estrategias del coaching he logrado no sólo desear ser próspera sino establecer estrategias y creer en mis capacidades para lograrlo. La espiritualidad es una fuerza interna que viene de

Dios y fue depositada dentro de nosotros como una semilla que germinará si la regamos con valores y creencias potenciadoras como la fe, la esperanza y el amor. Ya sabemos, la mayor de estas es el amor.

Ejercicio de poder

Esta técnica la utilizo desde hace varios años con resultados muy favorables en las personas a las que las improntas o las marcas mantienen estancadas, desconectadas de uno o de varios de los frutos de la palmera (Ellos mismos, Dios, otros y/o su medio ambiente).

Jesús está presente en tu evento traumático

Se utilizan 2 analogías:

1. Ver el evento como un recipiente en forma de cápsula. Dentro de la cápsula existen dos cosas: la experiencia vivida en sí misma y los sentimientos con que reaccionó la persona ante el evento. Lo que ocurri, sin embargo, la ira (el sentimiento) ante ese recuerdo puede ser cambiado por perdón y paz.

2. La última analogía es ver ese trauma (herida), como una cicatriz. Es recordar el evento sin dolor.

En el cristianismo tenemos promesas de absoluta confianza con los que podemos contar: "no te dejaré, ni te desampararé"; y Jesús dijo: "*yo estoy con ustedes todos los días hasta el fin del mundo*" (Hebreos 13:5 y Mateo 28:20)

Se preguntarán cómo Dios puede permitir que esas cosas pasen. Pues existen dos reinos, el de las tinieblas y de la luz y las personas tienen libre albedrío para escoger hacer el mal o hacer el bien. Jesús sufre con nosotros y él se encargará de la justicia. ¡Vamos al ejercicio!

Visualización por fe

1. Vamos a cerrar los ojos y a recordar un evento incómodo. Puede ser algo que dijeron o te hicieron. Selecciona un evento con un nivel de incomodidad término medio (5 en una escala del 1 al 10). Para eventos que te afecten más, te sugiero el apoyo de un ministerio de sanidad interior (liberación) o profesionales de la conducta que utilizan la técnica.

2. Contesta en voz alta las siguientes preguntas:

- ¿Cómo recuerdas el evento: de día, de noche, frío, calor, lugar, personas que estuvieron presentes, los colores, los olores?

- ¿Describe en detalle la emoción que sientes ahora ante ese evento: dolor físico (en qué parte del cuerpo), rabia, decepción, rechazo, miedo, angustia...?

- Si me das permiso, ¿puedo pedirle a Jesús que este allí contigo?

- ¿Crees que Él estuvo contigo en ese momento de dolor?

- Observa: ¿Qué Jesús hizo? Descríbelo, partiendo de que te ama, nunca te haría daño y quiere consolarte.

Los relatos son sorprendentes, una mujer víctima de abuso cuando era niña describió lo que vio. Dijo que Jesús venía caminando hacia donde ella estaba, se paró frente a ella. Ella se veía muy pequeña en relación a la altura de Él. Se bajó y la tomó entre sus brazos y declaró delante de todos los presentes: ¡Ella es mía! Fue un rescate, como cuando estás cayendo por un precipicio y alguien te toma de la mano y te dice: "¡Te tengo, estás a salvo!".

Para conocer más sobre estas técnicas, ver en la Bibliografía: Kraft, 2013.

XIII

Coaching con PNL Combina Perfectamente

El libro de Coaching con PNL de O' Connor (2005), muestra claramente la relación que existe entre el Coaching con la Programación Neurolingüística (PNL). Esta relación está basada en estándares éticos, competencias necesarias, definiciones, objetivos, técnicas y asuntos prácticos a utilizarse en las sesiones entre el coach y el coachee. Existen varios recursos fascinantes como los son claves de acceso, creencias, anclajes y más recursos. Indudablemente este libro es una guía indispensable para la práctica del coaching con la PNL.

Entre las suposiciones en el coaching podemos mencionar varias. Realmente cambia nuestra percepción de los eventos que nos ocurren. Es un cambio de paradigma afirmar que el fracaso no existe, sino que es un aprendizaje. Para poder comprender realmente, hay que salir de la teoría y actuar. Una suposición que empodera totalmente al coachee es saber que él tiene todos los recursos necesarios para tener resultados de éxito. El vehículo es el coaching, mas quien lo dirige es el cliente, para llegar a donde quiere llegar.

La ética dirige las relaciones profesionales con el fin de salvaguardar el bienestar del cliente y también el del profesional de apoyo. El eje central de esta relación es la confianza. Crece al pasar el tiempo y el coach la gana con la forma en que se comporta. Ha de ser una persona íntegra, lo que significa que es de una sola pieza. No promete lo que no puede cumplir y cumple con los compromisos que contrae. Por ejemplo, acordar los honorarios y cumplir con lo acordado. El respeto es otro aspecto crucial en esta relación, la dignidad es inherente a todo ser humano y no ha de ser violentado. El principio aquí es que en todas nuestras relaciones hay que tratar a los demás como nos gustaría a nosotros ser tratados.

Para ser un coach profesional se requieren ciertas competencias que son esenciales para ejercer esta hermosa profesión. El coach trabajará para apoyar a su cliente en poder descubrir la gran cantidad de posibilidades con las que cuenta para lograr sus objetivos. Ha de conocer con claridad a sus límites y diferencias en relación a otras profesiones. La escucha activa es esencial, ya que escuchando podemos ser más asertivos en definir la situación que en realidad afecta al cliente. Existen otras destrezas necesarias, una de ellas es cómo observar atentamente. Y relacionado a estos aspectos, están los canales de acceso que son el visual, auditivo y kinestésico. Hablamos con nuestro cuerpo sin palabras.

Es sumamente importante establecer objetivos. De acuerdo con el autor, el coaching: "explora el presente y diseña el futuro" (O' Connor, 2005, p. 43). Esto se logra a través de objetivos de vida que se establecen a corto y a largo plazo. La primera sesión es muy importante, pues se establece el fundamento para el coaching. Los pasos son los siguientes:

- Establecer sintonía y sentar las bases de la confianza.
- Gestionar las expectativas del cliente.
- Evaluar al cliente y reunir información.
- Descubrir las preocupaciones inmediatas del cliente.
- Diseñar una alianza de coaching.
- Tratar las cuestiones prácticas.
- Comprometerse con el programa del coaching.
- Iniciar el coaching con la cuestión más inmediata.

Muchas personas disponen de un buen conocimiento intelectual de su situación, pero no logran cambiar nada. Están en el nivel del conocimiento, y ese nivel sólo no basta para que las cosas cambien. El paso siguiente es querer. Puede que el cliente quiera cambios, pero eso sólo tampoco basta. Necesita saber cómo hacer los cambios, y ahí es donde el coach puede marcar la diferencia ayudando al cliente a liberarse de los hábitos y de las creencias que le impiden avanzar, ayudándole a encontrar las estrategias más adecuadas para el cambio. Y eso nos lleva al paso siguiente: actuar. El círculo se cierra con la acción. Sin ella, todo lo anterior no es más que un potencial que se traduce en estatus quo (no pasa nada). De ahí el énfasis que pone el coach en que su cliente haga algo distinto.

Es precisamente este énfasis en el aprendizaje por medio de la acción lo que distingue al coaching de la mayoría de terapias. El coach le pide constantemente al cliente que haga algo diferente, que cambie sus hábitos, que sea más consciente de sí mismo, que cuestione sus creencias y viva sus valores. Todo eso se traduce en tareas. Una tarea es aquello que el coach pide a su cliente que haga como resultado del progreso habido en cada sesión. Las tareas son siempre precisas y específicas. Han de ser claras en cuanto a qué, cuándo, quién y cuándo hará sus tareas.

Las tareas están siempre orientadas a la acción, implican hacer algo. La comprensión cognitiva viene después. En este sentido, las tareas representan un acto de fe, y ahí es donde la sintonía es sumamente importante. Las tareas no siempre son agradables para el cliente, y no las aceptará a menos que le sean planteadas dentro del marco del aprendizaje por la experiencia, nunca como deberes que tiene que hacer y, además, hacerlo bien. La característica más importante de las tareas consiste en que mediante ellas el cliente aprende algo acerca de sus propios recursos.

Es clara la relación que existe entre el coaching y la PNL. Una alianza que nos sirve en el ámbito profesional y personal. Por un lado, el coaching es un vehículo para que lleguemos a los objetivos que trazamos. Y por el otro la PNL trabaja con cambiar creencias limitantes, programar y reprogramar nuestra mente. Si pensamos diferente, sentiremos diferente, actuaremos diferente y viviremos diferente.

Me encuentro en un proceso de aprendizaje interesante. Es una combinación de lo que ha aprendido en la Academia de Coaching Americana, mi familia, amigos, colegas y hermanos. Enseño y practico lo que aprendo y ellos me recuerdan no volver atrás, decretando y confesando todo lo bueno que Dios ha diseñado para mí.

Ejercicios de poder

¿Qué vas a hacer? (La tarea en sí misma)

_____

_____

_____

¿Cuándo lo vas a hacer? (Dimensión temporal: hora, día y fecha en el calendario)

_____

_____

_____

¿Quién está implicado? (Los demás: quién más estará apoyándote en la tarea)

_____

_____

4. ¿Cuándo hablaremos de lo que ha sucedido? (El coach necesita estar informado de los resultados de la tarea.)

Ejemplo espiritual: quiero sacar tiempo para orar. Ese objetivo-meta se desglosará de forma detallada en el ejercicio arriba mencionado:

_____

_____

_____

XIV

A Cambiarnos El Viejo Vestido En Nuestra Mente

En el libro El poder de la mente subconsciente de Murphy (2012), se nos propone de manera fascinante que el tesoro que buscamos está dentro de nosotros y allí encontraremos nuestros anhelos más profundos. En el subconsciente y en el entendimiento de cómo funciona encontramos la solución de nuestros enredos y desaciertos. Es tan poderoso que si usted, antes de irse a dormir, le da el comando a su mente de que quiere despertarse a las 7:00 de la mañana, se despertará a esa hora precisa. Los hombres ilustres de nuestro planeta fueron exitosos al tener acceso al poder de la mente subconsciente y liberándolo. Cualquier persona puede hacerlo con determinación de propósito, con fe y constancia, ésta tiene la capacidad de curar el cuerpo. Si nuestras creencias son de salud total y la ordenamos, serán obedecidas nuestras órdenes. Cada pensamiento se convierte en una causa y cada condición es un efecto de este proceso. Lo que usted decida hacer, como completar un grado o ser conferenciante, esta parte de la mente lo ayudará a lograrlo. En este punto usted dirige este barco, sólo dé los mandatos correctos que se traducen a pensamientos e imágenes.

La mente rige nuestros actos, estemos o no conscientes. La afirmación de "no puedo tener el trabajo que quiero" (aunque sea cierto) es mejor no decirla. Escoja pensar y decir: "lo voy a tener, trocaré un plan para lograrlo y yo lo creo en mi mente".

Podemos leer en la Biblia en el libro de Proverbios (23:7ᵃ): "*pues como piensa dentro de sí, así es*", refiriéndose a que de acuerdo a como la persona piensa, así es el en su esencia. Si piensas bien, el bien te acompañará; si piensas mal, entonces tendrás mal. Tenemos una capacidad extraordinaria de escoger. Si escogemos la vida, la salud, la amabilidad, la felicidad y la recibiremos. Otra vez, la Biblia dice que el poder de la vida y la muerte está en nuestra boca, y nos aconseja que escojamos la vida. La mente subconsciente es un guardián que impide que entren situaciones falsas; use eso a su favor. Nadie tiene el poder de afectarlo a usted a menos que se lo permita. Estar herido es una elección del alma, de cómo pensamos y hablamos. El poder para reaccionar de acuerdo al bienestar y la abundancia está en nosotros, no en los demás. Escoger las verdades eternas y los principios de vida hace la gran diferencia. Eliminemos la ignorancia, el miedo y la superstición. Nuestra mente consciente asume las cosas como verdad y la subconsciente las aceptará y la dejará entrar. Tengamos fe en que contamos con la dirección de Dios, paz, abundancia y amor y todo lo maravilloso de la vida.

Las imágenes que grabamos en nuestras mentes se hacen realidad y son un milagro que se traducen en paz, felicidad y gozo. Dos leyes nos invitan a ser cuidadosos con los pensamientos que escogemos. Las dos leyes son la ley de la acción y la ley de la reacción. La forma práctica de verlo es:

la acción es el pensamiento y la respuesta automática del subconsciente es la reacción. Esta parte de la mente la podemos comparar al constructor de un muro. Si la mayoría del tiempo ponemos la atención en las dificultades, temores, angustias y resentimientos, construirá un muro que bloqueará su felicidad y la paz espiritual. Otra figura poderosa es ver la fe cómo una semilla que, sembrada, dará su fruto. Para ello necesita ser fertilizada, regada y cuidada. La fe es definida en el cristianismo como estar seguros de que obtendremos lo que esperamos y estar convencidos de que veremos lo que otros no ven. Ya lo hemos visto en nuestra mente, hemos visto una visión, una imagen de cómo será. Aquí existe un trabajo conjunto entre el consciente y el inconsciente.

La oración es un arma poderosa para traer bienestar y sanidad a nosotros y otras personas que presentamos. La visualización nos permite ver en nuestra mente el estado que queremos y tiene como efecto que podamos lograr en la vida salud, felicidad y éxito.

En esta conversación con Dios es importante el agradecimiento como convicción de que recibiremos lo que hemos pedido. La imaginación posee la facultad de acercarnos a lo que deseamos. En el momento que estamos soñolientos y nos vamos a dormir podemos evitar el conflicto entre el consciente y el inconsciente. Justo en ese momento imagina prosperidad, bienestar, riqueza. No sólo imagínalo tráelo al mundo de las palabras. Por ejemplo, repite la palabra "abundancia" cinco minutos antes de dormir. Repítala lenta y reposadamente y atraerá abundancia a su vida. Deben estar de acuerdo las dos mentes, el consciente y el inconsciente, y cuando la idea dominante es aceptada, se puede afirmar: "estoy prosperando en todos los asuntos de mi vida".

Eliminemos lo que bloquea este estado, como lo son los sentimientos de envidia en medio de la escasez. De forma práctica podemos dar gracias a Dios y alegrarnos de la prosperidad de los demás. Así destruirá lo que bloquea esa abundancia en nuestra vida y nos ponemos en paz con los demás. Recordemos que el dinero no es Dios, sólo es un símbolo, un medio, no un fin. Jesús expresó que no se puede servir a dos señores, ya que se amará a uno y se aborrecerá al otro. También nos alienta a que busquemos el reino de Dios primero y la justicia que nos ofrece, todo lo demás se nos dará. Ponga su mente en la meta deseada, imagínela, repítala y manos a la obra para alcanzarla.

El subconsciente juega un papel muy importante en las relaciones satisfactorias. Éste es una máquina grabadora que trasmite los pensamientos frecuentes. Si usted cree en la bondad de los demás, lo bueno vendrá a su vida. Nos proyectamos en los demás, vemos en un espejo y se refleja nuestra imagen. Lo que sembramos cosechamos. Si robamos, limitamos y maltratamos, eso volverá a nosotros. Si en lugar de eso damos amor y respeto, eso volverá multiplicado. Significa además que podemos estar de acuerdo en no estar de acuerdo sin ser desagradables y sentirnos desaprobados. Esto se conoce como madurez emocional. Su conversación interior atrae reacciones de los demás. Trata y desea para los demás lo que deseas para ti.

Gózate con la bendición de otros, evita las rabietas y escenas que reflejen falta de dominio emocional. Si bendices a otros, serás bendecido.

Tenemos el poder de utilizar los recursos disponibles para la vida. Por ejemplo, el agua puede ser utilizada para beberla y dar vida, o por el contrario para ahogar a alguien. El bien o el mal van de acuerdo al propósito y el pensamiento de la mente del hombre. Decide perdonar. Alguien dijo que el perdón es un elevador, va a llevarte alto hacia la libertad y la trascendencia del ser. Te libera a ti y libera al otro de cargar dolor, depresión, ira, angustia y resentimiento. Pregúntate: ¿todavía me duele y me da coraje recordar la mala experiencia? Si es así, sólo el amor te libera de ese estado emocional. Jesús enseñó a bendecir a nuestros enemigos, orar por ellos, hacerles bien, darles de comer. Sólo así tendremos paz, la respuesta es amar.

Ejercicio de poder

R.A.D.S.

1. Escribe en un papel conductas que comiencen con cada una de las siglas anteriores. Escribe más, si así lo quieres, ve más allá del espacio provisto. Vamos, te apoyo:

R: rabia, _____, _____, _____

A: ánimo, _____, _____, _____

D: desánimo, _____, _____, _____

S: serenidad, _____, _____, _____

El Dr. Hitzig, profesor de Biogerontología y miembro de la Academy of Antiaging, lo llama el Alfabeto Emocional. Su postulado es que nuestra mente se alimenta de estas creencias que se convierten en conducta. Las que empiezan con R y con D son las que nos envejecen y nos dañan. Mientras que las que comienzan con A y S nos rejuvenecen y nos llenan de vitalidad. Las conductas con A producen conductas con S y hacen que nuestro cerebro libere serotonina, responsable del bienestar, felicidad, salud y calidad de vida. Los pensamientos son imposibles de verlos, de otra manera producen formas de actuar y de sentir que son tangibles. El cerebro, afirma Hitzig, es un poderoso músculo fácil de engañar.

2. A practicar diariamente amor, amistad, ánimo para producir sanidad, sabiduría y siempre una sonrisa en los labios. Te invito a que hagas una lista de las conductas no deseadas y las sustituyas con conductas deseadas. Por lo menos escoge tres deseadas para practicar por 21 días.

3. Ríete a carcajadas con un grupo de gente y verás que es contagioso y se siente genial.

Para más información visita la web longevus.com

XV

Lo que Vistes, Atrae

Los pensamientos son como un búmeran, al ser lanzados con fuerza regresan a su punto de origen. Si queremos atraer algo bueno a nuestra vida necesitamos tener pensamientos de acuerdo al objetivo deseado. Es como cuando estamos buscando una emisora en el radio, necesitamos dos elementos: sintonía y frecuencia. Es una metáfora para explicar cómo los pensamientos tienen un efecto directo en los resultados que obtenemos. Esto se aplica a todos los aspectos de nuestra vida, como las relaciones, trabajo, dinero, espiritual y autoestima.

La ley de la atracción es una ley importante para conocer la relación entre los pensamientos, sentimientos y acciones. Por favor, seamos sabios y aprendamos a desechar lo malo y recibir lo bueno; eso es madurez. Si alimentas sentimientos de derrota y fracaso, comenzarás a sentir que eres un fracasado, bajará tu energía, te sentirás triste y, como consecuencia fracasarás en lo que emprendas. Peor aún, puede suceder que nunca lo intentes. Podemos cambiar la atmósfera cambiando nuestros pensamientos. Salir a caminar, escuchar música que te inspire y recordar momentos agradables, van a cambiar no sólo lo que piensas, sino también tus sentimientos y tu conducta. Es como sintonizar tu emisora favorita sin interferencia y con un sonido armonioso y agradable.

Algunas personas se quejan continuamente de que no tienen dinero y esto es un pensamiento repetitivo y circular. Al examinar sus vidas vemos que están llenas de escasez y viven bajo estrés, ya que no saben cómo llegar a fin de mes. Si queremos abundancia existen varias herramientas efectivas para atraer riquezas a nuestras vidas. La imaginación, por ejemplo, que es la capacidad extraordinaria para visualizar ideas, eventos e historias que ahora no están ocurriendo, pero que nos pueden desubicar en la vida real. Al visualizar lo que queremos, eso viene a nosotros. Verte en el trabajo que quieres, con el carro que quieres, con el dinero que quieres, va anclado a experimentar cómo te sientes y puede ser un sentimiento de profunda satisfacción. Es posible imaginarte con el dinero en las manos, en una escena a todo color, en toda su brillantez, y visualizarte como el protagonista de tu historia. Es importante recordar que las personas con mucho dinero e influyentes se mantuvieron dando a otros e invirtiendo en su futuro con nuevos pensamientos e ideas. Mientras más das y más espacio haces para lo nuevo, más abundancia vendrá a tu vida; es un fluir constante.

Una de las cosas que atrae abundancia a nuestra vida son los sentimientos, las emociones. Por mucho tiempo se enfatizó que la razón era la protagonista del control del cerebro. Sin embargo, se ha descubierto que los impulsos instintivos, en ocasiones, son más poderosos que la razón. En momento de gran estrés las personas más ecuánimes no optan por detenerse a pensar, sino que actúan impetuosamente. Es importante administrar bien nuestras emociones, ya que el actuar sin pensar nos puede causar serios problemas.

La amígdala posee un papel protagónico en la gestión de nuestras emociones. El que una persona tenga un alto coeficiente intelectual no significa que emocionalmente pueda lidiar con los retos diarios. Anteriormente la psicología daba mucha importancia al área intelectual. Personas brillantes pueden poseer pasiones desenfrenadas, pobre control de la ira y relaciones interpersonales conflictivas.

La amígdala se encuentra en uno de los tres cerebros, que son el reptiliano, el límbico y el neocórtex. Ella se encuentra en el cerebro límbico, donde se pueden encontrar las emociones primitivas como el miedo y la ira. Podemos agradecerle a Dios por esos instintos tan necesarios para supervivencia y que están presentes en todos los seres vivos. También en el sistema límbico podemos encontrar el procesamiento de otros sentimientos como son las alegrías, penas y angustias. Es importante conocerlo, ya que desde ahí se gestionan nuestras reacciones ante situaciones inesperadas y cómo manejamos las relaciones interpersonales. Contiene un aporte extraordinario a la Inteligencia Emocional introducida por Goleman.

Goleman (2012), insiste en que esas capacidades han de ser enseñadas desde la infancia temprana para que el niño crezca en su habilidad de perseverar ante los obstáculos y lograr una comunicación asertiva para suplir sus necesidades. También se desarrollan empatía y resiliencia y redunda en una buena adaptación a los cambios. Se encuentra estrechamente relacionado a la memoria de recuerdos traumáticos en la niñez. Situaciones relacionadas a un gran impacto emocional como puede ser alguna pérdida o algún tipo de abuso infantil. Cabe señalar que también ahí se encuentran recuerdos de momentos felices y significativos, siempre relacionados a los sentimientos más profundos de nuestro ser, que la mayoría de las veces están guardadas en el inconsciente.

Lo que mueve el mundo no es el dinero, es el amor. Conocemos gente con mucho dinero, infelices. Sus relaciones están rotas, al igual que su amor propio y su relación con el Creador. Si quieres mejorar la relación contigo mismo, tu autoestima y tu auto conocimiento, comienza por conocer tus cualidades. El enfocarnos en nuestras debilidades no atraerá amor propio a menos que las convertimos en oportunidades para mejorar y ser transformados. En las relaciones con los demás nuestro énfasis ha de ser tratar al prójimo como nos gustaría ser tratados. La comunicación asertiva, la comunicación responsable y el respeto atraerán relaciones satisfactorias. Enfocarnos en los defectos de los demás nos separa. En la relación de tu pareja, enfócate en las virtudes de la personan y verás cómo mejora la relación. Vamos a alinear nuestros pensamientos, sentimientos y acciones.

Nosotros tenemos energía, igual que todo lo que existe en el universo que Dios ha creado. De hecho, el diccionario "Strong" nos dice que uno de los sinónimos de *poder* es *energía*. Aprovecha el poder que Él te ha dado, es un desperdicio de energía agotarnos con pensamientos de escasez, derrota, ira y tristeza. La alabanza, la acción de gracias y bendecir, nos ayudarán a transformar nuestro entorno. La energía es un imán que atrae las cosas hacia nosotros. Contamos con un poder ilimitado que todavía no hemos entendido y alcanzado. Está dentro de nosotros y todo lo que necesitamos es que se manifieste en el exterior.

En mi vida familiar y personal, este conocimiento me ha ayudado a ser generosa conmigo misma y con los demás. Pienso bien de mí misma, ya que fui creada para buenas obras desde antes de la fundación del mundo. Lo que el hombre o la mujer piensan, eso son. Yo elijo ser amor, buenos pensamientos, comprensión, salud y abundancia. Sé y he visto que he sido transformada, incluyendo mis relaciones y mi entorno y sé que tengo puertas abiertas para alcanzar lo que quiero. Aprendo y le enseño a mi familia que lo primero es ser, luego viene el hacer y lo último es tener. Todo empieza con lo que atraigo con mis pensamientos y emociones.

Ejercicio de poder

Compartí en el capítulo anterior que nuestras elecciones definen quiénes somos, basado en mi identidad como hija de Dios, hecha a Su imagen y semejanza. He hecho mía esta declaración: "Yo elijo ser amor, buenos pensamientos, comprensión, salud y abundancia". Ahora te toca a ti.

1. Frente al espejo todos los días, por 21 días, al despertar y antes de salir del cuarto, declara quién elijes ser. Sí, por 21 días, hasta que sea parte de ti. ¡Yo voy a ti, dale, dale, dale con todo!

XVI

Lo que Necesitamos Para Estar Bien Vestidos

Los atletas tienen entrenadores, los pintores tienen maestros y otras disciplinas tienen personas que promueven el crecimiento y la excelencia. El coaching es una disciplina que promueve el crecimiento. El coach es el profesional que apoya al coachee a descubrir la gama inmensa de posibilidades que tiene en sí mismo para tener éxito en todas las áreas de la vida. En el libro *Coach para el éxito* (2002) escrito por Talane Miedaner, quien es una coach muy cotizada a nivel internacional, nos presenta técnicas puntuales para que podamos lograr lo que hemos soñado.

Nosotros los seres humanos tenemos algo que se llama potencial que se refiere a un poder que no ha sido liberado. El fundamento es poner en orden nuestra vida antes de alcanzar metas o resultados. Existe una parábola bíblica que nos enseña a construir nuestra casa sobre la roca y no sobre la arena. Escribir en un papel las pequeñas molestias que no nos permiten avanzar es un gran comienzo. Hacerte consciente de las adicciones que te roban la energía te ayudará a generar bienestar. Luego, desarrolla nuevos hábitos que no sean vistos como una obligación, sino como un deleite. Elimina los "debería" ya que son cosas que abruman y no nos interesan. Establecer límites claros nos llevará a los resultados.

Finalizando este punto, no ignores lo pequeño, respeta los límites ajenos, reconoce que todo tiene su lado bueno y haz cada día lo que te emociona. (p. XX)

Al rectificar tu manera de proceder no sólo atraes lo que quieres, también haces espacio para recibir. Continúa haciendo espacio, elimina lo innecesario; la palabra clave es simplificar y despeja tu agenda. Te facilitará el que pidas ayuda y pagar para las tareas domésticas. Comienza a perfeccionar tu presente definiendo qué necesitas y adquiriendo nuevos hábitos o habilidades. En vez de gastar tus energías en hacer cambios, organízate. A menudo haces espacio para oportunidades extraordinarias y relaciones satisfactorias con tan sólo decir no a las salidas rutinarias que no te han llevado a ninguna solución.

El dinero es un elemento necesario a considerar: define qué es, pregúntate qué harías si fueras millonario, averigua qué razones te llevan a tener problemas económicos. Paga tus deudas y por un mes practica un "ayuno de dinero": no compres nada que no sea estrictamente necesario. Gana el dinero que te mereces y abre una cuenta de reserva; es recomendable guardar el 20% de lo que ganas. Ganar independencia económica es fundamental para vivir de los intereses y, si trabajas, que sea por placer. La Ley de Murphy nos instruye a que si tengo un seguro médico nunca lo necesitaré.

El manejo del tiempo es indispensable. Contrario a creer que el tiempo es fijo, éste se expande o se contrae de acuerdo a la actividad que hacemos. Por eso, cuando estamos ocupados el tiempo se va volando. Hacer un registro de cómo invertimos nuestro tiempo nos va a ayudar a administrarlo. Si sabemos qué es lo más importante, tendremos resultados. Llega al trabajo diez minutos antes, haz el trabajo en la mitad del tiempo, dedícate a una cosa a la vez, apaga el televisor, posterga lo que te agobia hasta que lo entiendas y trabaja con excelencia. Saca para ti una noche sagrada, te lo mereces.

Las relaciones son parte importante de nuestro éxito. Llevamos a menudo una carga que nos roba la energía para triunfar. Estas son: el rencor, falta de perdón y la ira. Reconoce qué necesitas, si es ser incluido, valorado o amado. Una vez lo reconozcas, pídelo, descubre el tesoro de la vida familiar, ten citas con tu pareja y disfruta de la familia. Los amigos también son una fuente de amor y aceptación. Comparte con gente a la que puedas servir, hacer regalos y agradecerle diariamente. Reúnete con personas que te apoyen; forma un equipo de cerebros para alcanzar juntos la victoria.

Cuando una persona hace el trabajo que ama, le brillan los ojos, tiene energía y alegría. Es posible lograrlo si armonizas tus valores y visión, diseñas tu vida ideal, imaginas cinco carreras alternativas, descubres tu talento especial, te guías por la intuición y trabajas tu proyecto de vida. No confundas estar ocupado con ser productivo. En lugar de trabajar duro, puedes ser inteligente y estar menos estresado. Aquí te digo cómo: perfecciona tus puntos fuertes, delega, descubre lo que quieres en la vida, tómate una sabática, promete poco y da mucho.

Ejercicio de poder

Lo más importante en poner límites claros, tomar control de tu tiempo y no permitir abusos o manipulación. Hablar de forma responsable y clara para que la otra persona entienda cuáles son los límites y las reglas de la relación. En comunicación pasiva y con generalizaciones la persona no se respeta a sí misma y en una comunicación agresiva no respeta a los demás. Al ser asertivos nos respetamos a nosotros y a los demás.

¡Basta ya!

Practica esta dinámica que nos ayuda en la comunicación efectiva: Con un tono de voz neutro, respétate, saliendo del papel de víctima:

1. Informa: ¿estás consciente de que estás gritando?
2. Pide: "te pido por favor, deja de gritarme".
3. Insiste o exige: "ahora mismo deja de gritarme, insisto".
4. Irte.

XVII

Vestirse de Escasez o Abundancia: Nuestra Elección

El libro *Padre rico, padre pobre* de Robert Kiyosaki (2004), nos muestra que la salud financiera está a nuestro alcance. Es necesario un cambio en la manera que pensamos con respecto al dinero y en relación a todo lo que tiene que ver con las finanzas. Estar consciente de lo que impide que tengamos prosperidad es el comienzo de nuevas bendiciones. Aprender y practicar los principios de este libro nos abrirá la puerta a la oportunidad para tener una vida financiera abundante. Lo más importante es que podamos compartir con otros lo aprendido, y compartir es una parte esencial de una misión de vida extraordinaria.

Existen varios conceptos importantes a considerar para cambiar nuestra visión en relación al dinero y al manejo de las finanzas. Una de ellas es la carrera de ratas, que se refiere a los gastos que aumentan según aumenta el sueldo. Hace referencia al roedor que da vueltas sobre una rueda sin ir a ningún lado. Es importante disfrutar de libertad financiera, que se refiere a vivir de ingresos pasivos (sin necesidad de ir a trabajar para otros). Ejemplos relacionados son rentas y cobro de derechos de autor de libros, entre otros. Esto requiere de una actitud financiera de generar más dinero que pudiera ser a través de invertir en acciones.

Todos estos cambios se logran a través de educación financiera e inteligencia financiera. Es la habilidad de la mente para resolver los retos económicos que se presentan. Cuatro aspectos aumentan el IQ financiero y son: aprender sobre inversiones, entender los mercados, tener conocimientos de contabilidad y conocer sobre las leyes relacionadas a la economía, esto nos pone en ventaja a aprovechar nuevas oportunidades. Nuestras habilidades específicas aumentaran al invertir, contratar o dirigir personas que posean la misma inteligencia financiera.

Entre las habilidades administrativas substanciales se encuentran dos tipos: la administración del personal y la administración de los sistemas, entre los que se encuentra el tiempo. Combinamos esto con las habilidades especializadas, tales como; habilidades de comunicación, ventas y el marketing.

Mientras los pobres tienen pasivos (gastos), los ricos tienen algo que pone dinero en su bolsillo (activos). Esto se puede entender al estudiar la forma de pensar que tienen algunas personas de la llamada clase media que están convencidos de que una casa es un activo. Esto no es correcto si la casa no le da una entrada de dinero (cuando no está rentada). Por otro lado, los activos reales son: acciones, fondos mutuos, bienes raíces y negocios que no requieren que estés presente.

Es interesante saber que los ricos no trabajan por dinero. Ellos ven más bien el dinero trabajando para ellos. Pensar que el dinero es una ilusión nos sacará de la zona cómoda de trabajar para otros.

La mentalidad de empleado evita que encontremos formas creativas de maximizar el dinero y lo más valioso para nuestra libertad financiera es nuestra mente, si entendemos que el dinero es sólo un papel con valor. Cuando hacemos nuestro trabajo desde el ser, lo más importante no es cuánto gano sino cuánto aprendo haciendo lo que hago.

Es indispensable deshacerse de lo que nos detiene para aprender a manejar y maximizar nuestras finanzas. Dígale adiós al miedo de los cobardes, de los cuales no se ha escrito historias de superación. Deje a un lado el postergar su crecimiento personal, el día de comenzar es hoy. Si creemos que lo sabemos todo, nos perdemos la maravillosa bendición de aprender de la gente exitosa porque la mentalidad de consumidor nos lleva a ser esclavos y a restar nuestras finanzas en vez de multiplicarlas.

Había escuchado acerca del libro *Padre rico, padre pobre*, pero aun cuando en mi país dan muchos seminarios, nunca participé en uno sobre el libro. Al leerlo verdaderamente me confronta, pues me doy cuenta de lo mucho que ignoro del tema. En mi vida personal y familiar me ha lanzado un gran reto para ser transformada en esta área, me hizo consciente de lo que quiero y no quiero en mi vida, y a entender la extraordinaria capacidad que Dios me dio para escoger en qué gasto, en qué invierto, con quiénes me relaciono y qué aprendo. Estoy en el camino a aprender cosas nuevas, dejar los malos hábitos, aprender de los que tienen resultados, hacer ofertas, apoyar a otros y disfrutar el proceso con todos los retos que se presenten.

Ejercicio de poder

Cuatro pasos para alcanzar metas económicas

1. Haz una lista de tus metas económicas: Ejemplo. Aumentar mis ingresos mensuales: especificando qué medio voy a utilizar (otro trabajo a medio tiempo, negocio propio, venta de productos). Otros ejemplos son: adquirir bienes e inversiones, entre otros.

• Una pregunta poderosa: Si pudieras vivir con un buen estilo de vida y retirado, ¿cuál sería tu fuente de ingreso segura? Piensa en la pregunta antes de irte a dormir, en la noche o en la mañana puede llegar la respuesta. El salmista David decía que en las noches Dios le guiaba.

2. Elige una de tus metas económicas: la que sea más importante para ti.

• Pregunta poderosa: ¿Sin cuáles de esas metas puedes seguir viviendo?

3. Define con claridad tu objetivo.

Específico: Aumentar la mitad de mi sueldo mensual (ej. 1,500 en vez de 1,000)

Medible: Empezare un trabajo a medio tiempo a partir del próximo mes, diariamente hacer llamadas, ver los trabajos que solicitan y a enviar resumes.

Alcanzable: le dedicaré una hora diaria a la búsqueda del trabajo, hasta que lo obtenga y si en un mes no lo consigo, revisaré mi estrategia.

Propósito: Esto me ayudará a tener un dinero de reserva

para gastos de emergencia.

Fechas y horarios: empezaré hoy a buscarlo de 5:00-6:00pm, tengo disponible para trabajar de 5:00-9:00pm y sábados, Quiero los domingos libres.

4. Ten un plan antes de llegar ahí

Aquí hay que poner en orden otras áreas.

•   Preguntas poderosas: ¿quién se encargará en casa de las tareas que tú hacías en ese horario? ¿Otro trabajo es la mejor opción? ¿Reducir mis gastos y cancelar cuentas pequeñas, me llevaría a mi meta sin trabajar más?

5. Hazlo

¡Empieza ya! Organízate, usa la agenda electrónica, delega, pierde menos tiempo con la televisión y la internet. ¡Éxito, tú puedes!

WENDY BRETÓN

XVIII

Viste de Poder Tu Relación Íntima

Uno de los objetivos del coaching es que podamos construir relaciones enriquecedoras y sólidas. Somos seres sociables, vivimos en comunidad y disfrutamos de la compañía de los demás. Es un hecho que las personas de éxito cuentan con la agradable compañía de alguien que los acompañó en el camino de una vida plena. Necesitamos que nos estimulen, apoyen, nos amen y nos mimen. Pocas personas cuentan con un círculo de amigos verdaderos que los ayuden y apoyen, es importante formar alianzas profundas con personas con las cuales podamos trabajar y, sobre todo, que sean personas confiables.

La Coach internacional Talane Miedaner hace una pregunta poderosa: "¿Qué es el reconocimiento y el prestigio sin amigos para amar, disfrutar y celebrar nuestros logros?" (p. 180). Sin embargo, para atraer estas relaciones íntimas, las personas se alejan cuando vemos que proyectamos demasiada desesperación por ser aceptados. Aumentar tu poder innato de conocer tus necesidades, pedir que otros se hagan cargo y saber intimar puede ser un gran reto.

Continúa con esta gran gestión hacia el cambio a pesar de las dificultades, ya que obtendrás grandes beneficios. Una de las personas que te acompaña al hermoso viaje del éxito es tu pareja, esposo o esposa.

Invitar a salir a tu pareja es una invitación hermosa que nos será de provecho en todas las áreas de la vida. "La familia y el matrimonio son instituciones en la vida del hombre que se asemejan a una fuente viva: mientras más agua se saca, con más abundancia brota ella de la fuente" (Kolping, 2014).

La mayoría de las personas de éxito cuentan con el acompañamiento de su esposa o esposo, quien les protege, nutre espiritual e intelectualmente y les ama de forma incondicional. La invitación es a darte permiso para tener una cita juntos una vez por semana. Solos, sin los niños.

Salir en pareja nutre esa relación tan importante y va a traer vitalidad y energía para las otras áreas de la vida. En el libro 10 Citas extraordinarias, David y Claudia Arp nos proponen tres tipos de comunicación que practican los matrimonios. Son tres citas extraordinarias que traerán una transformación a tu relación.

Cita I: Aprender a escuchar y hablar

La Charla: ¿Dormiste bien? ¿Qué te apetece comer esta noche?

El enfrentamiento: Se produce al usar frases que empiezan tú. Preguntas en cuanto a ¿por qué? Al hacerlas estamos pidiendo cuentas y nos situamos por encima de la otra persona.

Dos errores comunes:

Atacarnos intencionalmente

Defendernos a nosotros mismos

El compañerismo: "canasta básica", se caracteriza por

compartir nuestra verdadera personalidad, ser vulnerables, compartir sentimientos y pensamientos íntimos. Propicia un matrimonio sano, floreciente y lleno de vida.

Herramientas

- Darte permiso para expresar tus sentimientos a tu cónyuge.
- Con preguntas poderosas explorar los sentimientos de tu pareja.
- Escucha activa, evitando el ataque y prestando atención al mensaje completo (incluyendo el no verbal)
- Comunicación asertiva, según discutimos antes, diciendo las cosas con honestidad y claridad, sin ambigüedades.
- Comunicación afectiva, añade afecto, expresiones de amor, a tu comunicación.

Cita II: Enamorarse muchas veces

"Un matrimonio exitoso requiere enamorarse muchas veces, siempre de la misma persona" (Mignon McLaughlin, 1913-1983)

La película: "My 50 First Dates" (2004) nos relata la trama de esta joven maestra de arte que tiene una condición que afecta su memoria a tal grado que no reconoce a su pareja. Todos los días es como volver a empezar sin recordar nada del día anterior. Su amado idea un plan para encontrarla todos los días y comenzar la amistad como si se conocieran por primera vez. Cada día en sus vidas era un día de conquista, de cultivar el amor y no dar nada por sentado.

Haciendo algo nuevo cada semana se enciende la llama del amor. Una nueva actividad logrará en nuestro cerebro que se liberen norepinefrina y dopamina, dos neurotransmisores encargado de la sensación de estar en las nubes que caracteriza a los enamorados.

Ejercicios de poder

1. Tomando como ejemplo la frase de empoderamiento, escríbele una carta de amor a tu amado o amada. Por ejemplo: "eres el amor de mi vida, eres un hombre completo, fuerte y poderoso. Mi vida contigo es plena. Le pido a Dios que esta aventura dure muchos años más…"

2. Cambiar la rutina mejora la creatividad y en el matrimonio y ayuda a la vitalidad y al bienestar. Por favor, cambia el ambiente, el lugar y la vestimenta para tener intimidad con tu pareja.

3. Tomando en cuenta los canales de los sentidos, por ejemplo: con los ojos (vístase de gala), con los oídos (diga cosas lindas a su conyugue), kinestésico (caricias, nuevos sabores, nuevas sensaciones).

4. Para aterrizar y hacerlo ya: haga una lista de las cosas que le gustaría hacer con su pareja en la intimidad y otra lista de lugares para salir sin tener que gastar mucho.

Cita III: Intimidad espiritual

En este punto la invitación es que como pareja exploren juntos sus creencias y puedan apreciar los valores uno del otro. Nuestras creencias más íntimas afectan nuestras actuaciones y nuestra identidad, la intimidad espiritual se refiere a compartir en la vida de pareja las creencias básicas, el proyecto de vida, el llamado a ser algo más grande que nosotros, a lograr paz interior en medio de las dificultades y a tener una dimensión espiritual. Incluso se ha afirmado que tener presente esta dimensión espiritual mejora la relación sexual. Cuando enfrentamos tensiones y crisis en el matrimonio, la fe en Dios y la búsqueda espiritual dan fortaleza. Los libros de psicología han afirmado que las personas con fe superan mejor las pérdidas en la vida.

Existen tres compromisos fundamentales en esta búsqueda de trascendencia que son:

1. Descubrir lo espiritual en nosotros.
2. Definir las creencias fundamentales compartidas.
3. Cómo lo anterior se vive en las relaciones que vivimos con otras personas en nuestro entorno.

Definimos un sistema de creencias compartidas como las que tratan acerca de la muerte, el significado de la vida y la visión del matrimonio como una institución establecida para dejar un legado. Un ejemplo de creencias fundamentales son las siguientes declaraciones:

1. El matrimonio es un compromiso de por vida.
2. Hay un Dios que se relaciona con nosotros e influye en nuestras vidas.
3. La oración es una parte muy importante de nuestra relación.
4. Respetar la individualidad es esencial para el crecimiento de nuestra relación.

Otros elementos importantes en este camino hacia la intimidad espiritual son:

1. El amor incondicional.
2. La aceptación.
3. El perdón.
4. El servicio.

Ejercicios de poder

Preguntas poderosas:

¿Dónde se encuentran ustedes en su viaje espiritual?

¿Cómo la espiritualidad se relaciona con nuestras experiencias?

¿Han identificado sus creencias fundamentales?

¿Tienen una visión de vida compartida?

¿Es el compromiso hacia su pareja a largo plazo?

El Eneagrama de vida se utilizará para identificar las necesidades en el área espiritual. Para hacerlo en pareja:

1. Se siguen los mismos pasos, cada uno como se explica anteriormente.
2. Sería ideal que uno guiara al otro y viceversa, para hacer el ejercicio.
3. Resulta mejor cuando dialogamos de las áreas que tenemos mucha o poca satisfacción.
4. El próximo paso es que decidan cuál es la primera área que van a trabajar cada uno y cómo se apoyarán mutuamente para mejorar esa área.

Proyecto de Realización Personal (PRP) con la variación

de hacer uno en pareja:

- Aquí se siguen las instrucciones del PRP hasta el punto que los dos van a buscar y recortar sus sueños.
- Luego escogerán juntos y en consenso cuáles se pegarán en la cartulina.
- Otra vez conversarán cuáles son los tres que escogerán para convertir esos sueños en metas alcanzables.

En la unión esta la fuerza. ¡Bendiciones y paz!

Conclusión: Intimidad espiritual

Finalmente, es muy importante la comunicación asertiva y cuidar nuestra posesión más valiosa, que es nuestro cuerpo.

Lo que he aprendido en este camino del coaching me ha ayudado en mi vida personal y familiar y me ha preparado para el éxito. Si yo, desde mi ser y de manera consiente soy transformada, todo mi entorno se transforma. Ahora tengo un mapa para ir trabajando con las áreas que necesito mejorar, ya que vamos haciendo cambios por partes hasta que cubrimos todo el territorio. En mi caso, la relación con mi esposo, mis hijas y otros familiares ha mejorado grandemente. Entre otras cosas, gracias al nivel de conciencia que me permite ver la importancia de cultivar esas relaciones significativas que nos acompañan camino a la victoria en la vida. No menos importante, he comenzado a cuidar mi cuerpo, lo que hablo, lo que veo y siento. Gracias a Dios y al conocimiento adquirido en el coaching, cada día estoy ganando confianza, bienestar y paz interior.

XIX

El Camino a Despertar: Antes de Vestirme de Poder

En este capítulo relataré sucesos y aspectos relevantes de mi vida. Narraré de manera resumida eventos importantes que comprenden desde el nacimiento hasta la edad actual. Compartiré la percepción que tengo de mi persona y la que tengo de otros. En cuanto a la familia de origen, exploraré cómo afectó mi confianza, mi niñez y la forma en que nos amamos. También compartiré situaciones que me causan tensión, roles socialmente impuestos, y haré expresión de mis sentimientos. En la conclusión utilizaré la figura de hablarle a mi mejor amiga para vivir de forma saludable física y emocionalmente, y expresar lo que aprendí haciendo este trabajo. Lo hago como una de las herramientas más valiosas en mi vida. Una maestra de psicología del desarrollo nos expresó que el profesional que no es capaz de explorarse, ser vulnerable y contar su historia con todo lo que implica, es incapaz de apoyar a otros en su camino a la transformación.

Mi vida comenzó el 1 de septiembre del 1971 en el Centro Médico de Río Piedras, Puerto Rico, a las 2:45 de la tarde. Me crié en una casa donde convivía con mi madre, dos hermanos y una hermana. No recuerdo grandes problemas, aunque pensándolo bien, existían varios estresores. Mi

129

madre era divorciada y aunque fui reconocida, nunca viví con mi padre. Mis tres hermanos eran de otro padre y eran mayores que yo, entre 10 a 18 años. Mi mamá era enfermera en un hospital que ya no existe (Hospital Minillas) y tenía otro turno cuidando pacientes en sus casas. Todo esto implicaba que prácticamente mis hermanos eran dos padres y una madre para mí. Mi familia es extranjera, procedente de la República Dominicana. Mis hermanos llegaron en plena adolescencia y no pudieron estudiar en las mejores escuelas. Tengo que decir, en honor a la verdad, que fueron muy buenos y considerados con mi mamá. Ella era muy estricta con las salidas y con las amistades. Yo pasé una niñez bastante agradable. Sufrí algo de "bullying" (como la mayoría de los niños) hasta que aprendí a defenderme (de lo que no me arrepiento).

Siempre tuve una gran búsqueda espiritual, así que asistía yo sola a una iglesia católica en Santurce, a unas calles de casa, cuando tenía unos siete años. Era y soy muy sociable, aunque a mi mamá no le gustaba que tuviera mucha cercanía con otras personas, en general no recuerdo tristezas intensas y creo que tuve una niñez bastante feliz. Viajamos casi todos los años a la República Dominicana y disfrutábamos muchísimo con los tíos, primos y abuelos maternos.

La transición a la pre-adolescencia implicó cambios que me afectaban un poco. Nos mudamos de mi barrio y mi mamá, con mucho sacrificio, compró un apartamento con piscina y otras amenidades, lo que para nosotros fue un cambio bastante drástico. Yo pasé de mi amada escuelita Castelar, en Villa Palmeras, a la Escuela Luchetti de Artes

Visuales, una escuela especializada. Esto representó un salto de la escuela elemental a la intermedia. No fue mi elección ir a una escuela especializada, hasta que una maestra de arte vio que tenía habilidad para el dibujo y preparó todo para que mostrara mis dibujos y fui admitida. En el primer semestre bajé las notas, después continué con mi fascinación de aprender. A decir verdad, fueron años muy buenos, llenos de amistades, fiestas y aventuras. De no ser tan popular, me convertí en parte de un grupo muy diverso que se convirtió en mi otra familia por años. Parece que desde niña me atraía el sexo opuesto, porque recuerdo tener novio desde kínder, aunque realmente lo que hacíamos era jugar a la mujer biónica y al hombre nuclear en el salón.

Volviendo a mi adolescencia, mis hermanos mayores me protegían mucho y mi hermana me vigilaba (eso sentía yo). En cierto grado ahora lo entiendo. Toda la atención era para la más pequeña, que era yo, así que me cuidaban con celo. Mis hermanos en general resintieron que los trajeran a otro país, con una cultura diferente, donde sufrieron discriminación. En su país iban a colegios privados y tenían una vida feliz. Actualmente uno de ellos vive en Puerto Rico con su esposa; sus hijos están en Texas. El mayor murió en New York y mi hermana, que también vive en New York, está sumida en una enfermedad crónica, más está rodeada del amor de mi sobrina y otros familiares.

Todo esto me da mucha tristeza; será por eso que trato de no aferrarme a nadie. Tengo pocas personas a las que llamo mis amigas, algunas ya no viven en Puerto Rico. Mantenemos contacto, nos visitamos y estamos presentes, sobre todo en el dolor. Fuera de ahí, tengo a mis hijas, mi esposo, mis hermanos, mi mamá, mis cuñados y mis suegros.

No es que sea insensible, me gusta acompañar a mi familia extendida en los funerales, cumpleaños, llantos y risas. Aunque no vivo resentida, me preocupa la facilidad con la que hago maletas y dejo casi todo atrás para mudarme y empezar proyectos nuevos. Lo único que no dejo atrás es a mi familia propia y a mi fe en Dios.

Mi adolescencia terminó con la decisión de comenzar mi vida adulta casándome a los 19 años. Mi esposo Efraín Vera iba a la iglesia evangélica donde ahora yo asistía y donde nos conocimos. Teníamos las mismas amistades, creíamos en el mismo Dios, nos amamos con el tiempo, disfrutamos y viajamos. No fue miel sobre hojuelas todo el tiempo, vinimos de dos mundos diferentes; similares en valores, distintos en costumbres. Sin embargo, de verdad somos amigos, superamos iras, niñerías, frustraciones, penas y resentimientos. Decidimos cuidarnos, protegernos, confortarnos y perdonarnos. Y claro, desde que cumplí los 23 años todo cambió para lo mejor, nació mi primer tesoro Valerie, mi hija. Y mi princesa Joyce después de un año y ocho meses vino a completar la hermosa aventura llamada paternidad.

Trabajaba de día en Administración de Salud Mental y Contra la Adicción (ASMCA) y de noche terminaba la maestría. Esperaba que mi familia durmiera para estudiar, la verdad que mi esposo Efraín fue un súper papá y esposo. Varias veces le dije que no podía seguir con la maestría y él me decía "tú puedes" (el mejor coach del mundo). Recuerdo que le informé a mi director de tesis, quien ahora dirige la Escuela de Consejería en Rehabilitación, que tenía que graduarme ese año. Yo comencé la maestría embarazada, con trabajo a tiempo completo y en ese momento estaba embarazada de nuevo. El Dr. Roberto Fronteras me dijo que la propuesta de tesis estaba mal, pero reconoció mi ánimo de terminar y se comprometió a ayudarnos. Terminé en tres años y medio la maestría, con tesis y reválida. Luego trabajé por cinco años en Rehabilitación y recibí el llamado al ministerio pastoral, que realmente ha sido un llamado familiar. Llevo 14 años en el ministerio. Desde afuera es fácil juzgar, he renunciado a una vida privada, al orgullo y a comodidades por servir a Dios a pesar de la gente, y no me arrepiento. Mis hijas también tienen una gran compasión por la gente, a veces no han querido seguir en el ministerio. Cada vez que Efraín, Valeria, Joyce y yo queremos renunciar, aunque llorando, para ocuparnos sólo de nuestros asuntos, Dios envía señales, personas, mensajes o milagros que nos hacen entender que hay algo más grande que nos conecta y que nada pasa por casualidad.

Estuve en una organización religiosa que resultó en un reto por ser mujer. Estando allí fui un tanto rebelde con el estatus quo. No acepté cosas que no me parecían cónsonas con mis valores, así que renuncié a un buen salario, al plan de retiro y otros beneficios. Ahora me dedico a una pastoral más social, sin sueldo y lejos de las ideas de algunos. Por lo menos, aquí puedo expresar lo que siento.

Elegimos este camino y poco a poco estoy aprendiendo a ser yo misma. No le impongo nada a nadie, ni a mi familia, lo que creo. Poco a poco estoy aprendiendo a expresarme y a no callar ante los atropellos. Por esta razón, mis hijas se han enfrentado a muchos prejuicios. No digo que soy pastora hasta que me lo preguntan. Estoy profundamente agradecida, ya que mis hijas tienen pensamiento crítico, valores firmes y mucha resiliencia. No hemos perdido la fe ni en Dios ni en los seres humanos. Como humanos, nos hemos deprimido, nos enojamos y tenemos muchos defectos, mas somos creyentes, nos amamos y hemos visto muchas cosas hermosas que no se pueden explicar con palabras.

La percepción que tengo de mi persona es que soy hija de Dios, tengo talentos, virtudes y defectos. Lo que siempre ha sido para mí difícil es decir que no. Quisiera ser más asertiva, aunque estoy aprendiendo, y confieso que me falta. Encuentro significado en ser útil y cuidar a otros. Sin embargo, a veces me enojo, ya que tengo poco tiempo para mí, he descuidado mi salud y ahora tengo que tomar medidas drásticas para hacer ejercicio y comer mejor.

La mayoría del tiempo percibo a las personas que me rodean con una capacidad grande de ser bondadosos. Sé que las personas que hacen daño están heridas, no han sanado y no pueden dar lo que no tienen. Cuando sufro decepciones y traición, me alejo. Sé que tengo una alta tendencia a evadir los conflictos, lo que no es saludable.

Cuando tengo que hablar con alguien para resolver un conflicto, oro, me preocupo y me da insomnio. A pesar de lo anterior lo hago y casi siempre las cosas salen mejor de lo que espero. Ya no me tomo las cosas tan personales, aunque vivo evitando tener relaciones muy cercanas fuera de mi círculo conocido. Tengo amistades que conservo por más de 25 años, estoy disponible y comparto con ellos, no tan cerca, no tan íntimamente. No debo ser tan dura conmigo, pero con la ayuda de mi esposo, hijas y madre, lo estoy logrando. Por otro lado, me dispongo a sacar más tiempo para tener una relación significativa con mis hermanos y con los buenos amigos que tengo.

La relación con mis hermanos y mi mamá definitivamente desarrolló en mí un sentido de confianza, porque me cuidaron con todos los recursos que tenían disponibles. Resentí la ausencia de mi padre, a quien sólo vi cuando me casé y luego hace dos años atrás, porque sus nietas querían conocerlo. Nunca ayudó, ni emocional ni económicamente. Mi madre fue sabia, nunca habló mal de él. Pensé que no era importante su presencia en mi vida, fue una especie de negación prolongada. Ahora entiendo que esa falta de la figura paterna ha afectado el que yo confíe en otros, y por otro lado tampoco ayudó la sobreprotección de los que me cuidaban.

Mi familia de origen tiene una forma de amar diferente; sin embargo, nos amamos. No pasamos todo el tiempo juntos, mas si a alguien le pasa algo la entrega es incondicional. De hecho, mi mamá está viviendo en casa y expresa que se siente amada y protegida. Viví muchos años muy estresada y con demasiadas obligaciones, trabajos y estudios. He dejado varias de esas obligaciones porque para mí lo más importante es mi familia. Mis hijas tienen 23 y 20 años, trabajan, estudian y compartimos el ministerio. Las espero despierta para abrazarlas, escucharlas y decirles que las amo. Mi esposo es mi amante, mi amigo y ya no quiero cambiarlo. No siempre fue así, todos los días renuncio al espíritu de control que me dominaba. Descubrí que la única manera de amar es aceptarme y amarme. En casa hay menos gritos, menos reproches, algunas cosas son como son, cada uno aprende diferente y no le voy a buscar las cuatro patas al gato.

En cuanto a la forma en que mi familia de origen me ayudó a trabajar con los conflictos, pues éramos un tanto dramáticos. Mi madre no ha golpeado a nadie, pero es bastante enérgica en hacer valer sus derechos. Yo he escogido el otro lado, el pasivo, y hacer valer mis derechos es un reto. Por motivo de mis convicciones creo que primero hay que hablar. En ocasiones me han robado y pienso que se perdió y que Dios se encargue, porque creo en la justicia divina. Hago mucha labor voluntaria, así que acostumbro a trabajar con gente, tramitar permisos y visitar agencias. Antes reaccionaba con una carga emocional enorme, cuando alguien no hacia su trabajo. Me enojaba tanto que me daban ganas de llorar y no podía solucionar nada. Ahora aprendí que a las buenas obtienes más y que si vas con humildad completas la gestión. Me enojo, claro, mas voy decidida a resolver el conflicto y a aprender de la experiencia. A veces no me salen las cosas muy bien, de igual forma sigo intentándolo. Mi familia es trabajadora y luchadora; el lema es seguir intentándolo y no darse por vencido. Así que lloro, me frustro, pero me dispongo a descubrir herramientas, compartirlas con mi familia y con los que conozco; observo y aprendo de los otros.

Tengo fibromialgia, artritis reumatoide, fatiga y anemia; a pesar de esto siempre he manejado bien el dolor casi sin medicamentos. La historia ahora es otra, mi vida gira alrededor de medicamentos, citas y dolor. Sé que estoy afectada emocionalmente, aunque la gente a mi alrededor dice que soy fuerte; será que estoy en negación de nuevo.

Me resulta curioso que haya tratado de hablar con un profesional de mi estado de ánimo, ya que sigo aumentando de peso y estoy perdiendo la virtud de la paciencia. Fui a un psiquiatra y a un neurólogo psiquiatra por recomendación de la reumatóloga. El colmo es que cuando voy al psiquiatra me cuenta su vida y otra vez escucho y callo (parece que tengo un letrero en la frente que dice: "ella es consejera"). Se enteró que trabajé para la misma época en Salud Mental y se acabó mi tiempo de terapia. Todos me recetan pastillas diferentes y no las bebo porque los efectos secundarios son peores que la enfermedad. Tengo dolor de espalda, de cabeza y en las extremidades, y hasta me dan ganas de tomar mi cartera y abandonarlo todo. He decidido seguir visitando a los médicos, pero no me tomo los medicamentos, a menos que no pueda más. Total, son para el dolor, pero no me quitan el dolor y sólo me adormecen.

Esto lo escribí antes de mi formación como coach profesional. A Dios gracias, ahora soy una mujer fuerte, sana y poderosa.

Siento definitivamente que he retado los roles tradicionales que la sociedad y la religión me han impuesto. Vengo de una práctica religiosa tradicional. Nunca he usado cuello clerical, no me gustan las faldas, no me gustan los formalismos y no me gusta aparentar. Reconozco que poseo mucha curiosidad intelectual, así que me gusta aprender. No tomo por bueno algo sólo porque alguien con autoridad lo dice. Trabajo, estudio, soy la líder espiritual de gente mayor que yo y con más competencias que yo. Sé que me han discriminado por ser mujer y por mis creencias, así es la vida y mis críticos han visto que yo permanezco. La verdad es que la implicación de vivir así es no ser popular y tener muchos conocidos y pocos amigos. Sin embargo, estoy abierta a aprender, a cambiar y a dejar un legado que no se puede comprar con dinero. Renuncié a participar de ciertos círculos por no querer jugar sus juegos. Me arrepiento cuando me equivoco, puedo ver a los que viven conmigo a la cara y ellos saben que cuando me equivoco pido perdón y los respeto. Ahora pertenezco a un grupo pequeño donde contamos con grupos de apoyo y hacemos labor comunitaria y nos damos permiso para equivocarnos.

Reflexionando sobre las expresiones de sentimientos en mi familia de origen tengo que decir que cada cual tiene lo suyo. Mami se toma en serio la comunicación no verbal, mi hermana le gusta hablar, mi segundo hermano es impaciente, mi hermano mayor, que en paz descanse, era apasionado. Por mi parte, todo lo arreglaba llorando, llorando de la pena, del coraje y de la alegría. Aunque la realidad es que todos fuimos madurando y fuimos regulando la expresión de los sentimientos. Ahora somos más cariñosos, nos llamamos y estamos más tranquilos. Por mi parte el estrés me causa ansiedad y me pongo un poco obsesiva a la ejecución de tareas. Sin embargo, cuando estoy relajada soy reflexiva. La relevancia de expresar los sentimientos de manera adecuada es que acumulo menos tensión, no somatizo y me libro de los pensamientos circulares e inútiles donde no se resuelve nada. En esta nueva etapa del coaching mi vida tiene otro color; siento que es lo mío y lo que necesito. Disfruto del privilegio de conocer personas hermosas que Dios está usando para sanarme y para que yo pueda aportar también a sus vidas.

A ti te hablo como a mi mejor amigo(a) para que vivas de forma saludable física, espiritual y emocionalmente.

Primero, te hago el regalo de que puedas definir quién eres. Si caminamos en la vida sin saber quiénes somos, estamos expuestos a ser copias de otros. Podríamos estar desperdiciando las características únicas de nuestra personalidad que Dios creó.

Segundo, es momento de dejar un legado. Esto es así ya que, un padre puede interesarse en ser entrenador o mentor de niños y adolescentes con el propósito de impulsar a sus hijos y sus nietos para alcanzar logros y que puedan establecerse. La edad que estamos viviendo (entre los 40 a 50) es un momento maravilloso para cambiar y crecer.

Comencé este trabajo con algo de resistencia, luego con un impacto emocional, sobre todo con el tema de mi padre y la situación de estrés que estoy sufriendo con mi enfermedad, sin embargo, al culminar este trabajo estoy convencida que estoy en un buen momento para tomar decisiones sabias para mejorar como persona y crecer. He decidido renunciar a algunos malos hábitos y disfrutar todo lo que esta nueva etapa trae con sus momentos de reto y los momentos agradables que producen paz y fuerzas para seguir. Te propongo, querido amigo(a), comenzar a vivir con plenitud, con conciencia y con propósito de vida de la mano de Dios. Nos comprometemos a apoyarnos para llegar a la meta y juntos aliviar el cansancio del camino. Lo hago convencida que soy una mujer amorosa, verdadera y profunda.

Ejercicios de poder

Este ejercicio lo he hecho en diferentes etapas de mi vida. Aunque en un capítulo anterior te pedí que hicieras este ejercicio te pido que ahora lo hagas de nuevo con nuevas observaciones y con el aprendizaje adquirido. Lo incluyo ya que toda persona que quiera vivir en plenitud le es necesario mirarse por dentro y reflexionar sobre, por ejemplo:

- Relatar los eventos vividos desde su nacimiento hasta la actualidad.
- Percepción de ti mismo.
- ¿Cómo ves a las otras personas?
- Manera en que trabajas los conflictos.
- ¿Cómo manejas los roles sociales impuestos?
- Compartir situaciones que te causaron tensión.
- ¿Cómo tu familia de origen afectó la forma en que percibías dichas reflexiones?
- Todo lo que consideras relevante para ti.
- ¿Qué valoras?
- ¿Cómo te sientes?
- ¿Cuáles son tus creencias, cómo te han limitado, cómo te han empoderado?
- De esas fuentes de lágrimas y risas comparte lo que aprendiste para que otros beban del agua de la sabiduría.

Conclusión: Vestirnos de Colores

Estas palabras vestirnos de colores, son tomadas de una frase compartida en Facebook por Alma Zen e Iris Nair Rebecchi.

Esta frase habla de comenzar otra vez, de aprender, desaprender, de reprogramarnos. Son los mismos hilos (tu vida), más que hablar de un cambio de colores, habla de transformación. Como yo, que me vestía de negro por tantas tonterías (verme más delgada, no llamar la atención). Y ahora me visto de colores, voy a comprar una camisa y me digo "este color lo quiero". Después del coaching, cambio de ruta, me maquillo, me pinto el pelo, me doy permiso de hacer cosas nuevas, cosas para mí. Los colores significan escuchar activamente, tener empatía, estar presente y continuar aprendiendo. Estas son las hermosas piezas de nuestro atuendo.

Todas las mañanas hay que despertar, estar presentes, cumplir nuestros sueños, convirtiéndolos en metas, medibles y alcanzables. Todas las mañanas nos vestimos para el éxito, nos vestimos de poder, conscientes que todo comienza desde el *ser*, para luego hacer y por último tener. Nos percatamos que de la misma manera que la ropa te cubre, estamos cubiertos de nuevas habilidades y nuevas experiencias. Nos atrevimos a ser transformados emocional, física y espiritualmente. También representa valorarnos y capitalizar lo aprendido. También apoyamos a otros en su proceso de despertar y estar vestidos de poder. Es un momento *Wow*, es la revelación que devela o desnuda el sentido; es la exhibición de una obra de arte a la que le quitarán el velo que lo cubre para dejarnos ver su impresionante belleza.

En este proceso de empoderamiento nos estiramos para alcanzar bendiciones que no imaginábamos. Llevábamos puesta un ropaje que nos pesaba, como lo hacen las improntas (recuerdos de la niñez o del pasado), el dolor, la falta de perdón y el miedo. Todo esto es lo contrario a una vida abundante. Espiritualmente habíamos perdido brillo, lo recuperamos en un proceso sanador y liberador. Volvió el deseo de amar y de hacer las paces con Dios, con nosotros, con otros y con lo que nos rodea. Ahora estamos decididos a tener un plan de acción, desde el presente hacia el futuro y con un abanico de opciones que aprendimos y no olvidaremos.

Ya es tiempo de entretejer todo lo que trae la vida: el trabajo, la recreación, la amistad, el bienestar, la intimidad y la espiritualidad y, en fin, todos los hilos que nos dan balance y bienestar. Entretejernos nos hace más fuertes y con más ganas de vivir de verdad. En mi carácter personal, comencé este proceso tan enferma que pensé que no lo lograría. Cuando volví a escuchar lo que ya había leído en la *Biblia*: que "lo que pides recibes y que en mi boca está la vida y la muerte", escogí vivir. Cada día sigo haciendo cambios: camino, me cuido, añado a mi alimentación lo natural, oro más, me quejo menos, perdono rápido y doy gracias. Me quiero, ya que sé quién soy, y estoy cumpliendo con mi misión en la vida. Sé que un día moriremos, mas nuestras obras permanecen; eso es trascender. En nuestro espíritu podemos vivir una vida eterna.

REFERENCIAS BIBLIOGRAFÍCAS

1. Arp, D. y Arp, C. (2008). *10 Citas extraordinarias.* Editorial Vida, Miami. Florida.

2. Cruz, M. (2016). *International Journal of Developmental and Educational Psychology,* N 1-Vol.2, 2016, p.63-70. Universidad Pontificia de Salamanca. Salamanca, España.

3. Dilts, R. (2013). Cómo cambiar creencias con la PNL. Editorial Sirio. Barcelona, España.

4. García, J. (2016). *Antídoto Emocional.* Servicio ACE-ACCA

5. Goleman, D. (2012) Inteligencia emocional, Ediciones B. S. A. Distrito Federal, México.

6. Kiyosaki, T,R. Lechter, S. L. (2004). *Padre rico, padre pobre.* Santillana Ediciones. Generales, S.A. Col. Del Valle, México.

7. Kraft, C. H. (2013). *Heridas profundas, sanidad profunda.* Editorial Desafío, B.C. Bogotá, Colombia.

8. Miedaner, T. (2002). *Coaching para el éxito.* Ediciones Urano, S. A. U. Barcelona, España.

9. Murphy, J. (2012). *El Poder de la Mente Subconsciente.* BN Publishing, Chicago, Illinois.

10. O´Connor, J. y Lages, A. (2005) *Coaching con PNL.* Ediciones Urano, SA. Barcelona, España.

11. Teme, H y Teme, L. (2010). *Logra lo extraordinario.* Editorial Unilit & Editorial Papyros, Miami. Florida.

12. Webb, K. E. (2014). *El modelo coach.* Editorial Vida, Miami, Florida.

E-grafía

-Acontecer Cristiano. (2015) Estudio revela que la oración tiene efectos curativos contra enfermedades. Recuperado de: http://www.acontecercristiano.net/2014/05/estudio-revela-que-la-oracion-tiene.html [Consultado: 29 de julio 2018]

-Morocho, P. (s/f) Coaching con PNL [PDF file] Ediciones Urano,

S. A. Recuperado de:
https://www.academia.edu/9349727/Coaching-Con-Pnl-Joseph-Oconnor-y-Andrea-Lages [Consultado: 23 de marzo de 2017]

-Turchi, A. (s/f) A partir de una frase. Recuperado de:
https://apartirdeunafrase.wordpress.com/2016/08/03/y-retome-los-hilos-de-mi-vida-pero-esta-vez-de-colores-para-volver-a-tejerme-mucho-mas-fuerte-frase-compartida-en-facebook-por-iris-nair-rebecchi-artista-plastica-y-maestra-espiritual-argentina/ [Consultado: 24 de mayo de 2017]

-Bardo, A. (s/F) EL ANÁLISIS QUE INSIDE OUT (DEL REVÉS) SE MERECE. Recuperado de:
http://www.inteligencianarrativa.com/analisis-inside-out/

-Blog Meli (2010) RESUMEN DE LA PELÍCULA ¿Y TÚ QUÉ SABES? Recuperado de:
http://desarrollosustentablecarmen.blogspot.com/2010/12/resumen-de-la-pelicula-y-tu-que-sabes.html

-Pugliese, R. (2018) DUNAMIS: EL PODER DE DIOS EN EL NUEVO TESTAMENTO Recuperado de:
http://restorationnations.com/wp/es/el-poder-dunamis-en-el-nuevo-testamento/ [Consultado: 16 de mayo de 2017]

-Pastoralfamiliar.blogspot (2014) Frases Sobre la Familia de Adolfo Kopling Recuperado de
http://pastoralfamiliargr.blogspot.com/2014/03/frase-sobre-la-familia-de-adolfo-kolping.html [Consultado: 10 de septiembre de 2018]

-Brainyquote.com (s/f) Mignon McLaughlin Citas. Recuperado de
https://www.brainyquote.com/es/citas/mignon-mclaughlin_106607 [Consultado: 10 de septiembre de 2018]

- Bible Hub (2004/2018) Biblia Paralela. Recuperado de
https://bibliaparalela.com/

ANEXOS

¿Te resulta fácil tomar decisiones en la vida diaria?

Respondido: 84   Omitido: 0

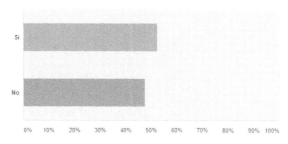

Opciones de respuesta	Respuestas	
Si	52,38%	44
No	47,62%	40
Total		84

¿Sabes definir lo que quieres en la vida?

Respondido: 84   Omitido: 0

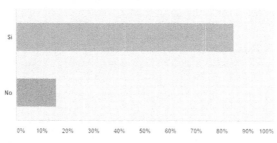

Opciones de respuesta	Respuestas	
Si	84,52%	71
No	15,48%	13
Total		84

145

¿Te consideras una persona espiritual?

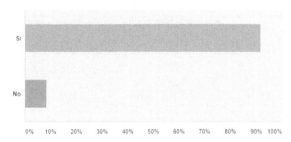

Opciones de respuesta		Respuestas	
Sí		91,67%	77
No		8,33%	7
Total			84

¿Tienes claro tu propósito en la vida?

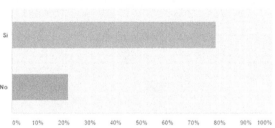

Opciones de respuesta		Respuestas	
Sí		78,57%	66
No		21,43%	18
Total			84

146

¿Piensas que hay vida después de la muerte?

Opciones de respuesta	Respuestas	
Sí	90,48%	76
No	9,52%	8
Total		84

Resultados y discusión

El objetivo principal de esta encuesta fue probar la pertinencia que tiene la relación del coaching con la espiritualidad. Como ya mencionamos en la introducción, el objetivo principal de este libro es invitarte a considerar que, si deseas un crecimiento espiritual que puede impactar todas las áreas de tu vida, como autoestima, amor, salud, finanzas, profesión y disfrute, el coach puede apoyarte para lograrlo. A través de las lecturas de libros de autoridades en el tema del coaching descubrí que más del 90 % de ellos tocan aspectos espirituales en sus exposiciones. Esto se debe a que aun los que tocan los temas relacionados a las finanzas y ventas concuerdan que el éxito se encuentra en vivir desde el ser, ser fiel a ti mismo a tus valores y convicciones. Esto da paso a sacar de tu vida esos valores y convicciones que te limitan y no te permiten vivir en congruencia con los factores que te potencian.

Uno de los hallazgos sorprendentes de la encuesta es que más del 70 % expresa saber su propósito en la vida y que más del 90 % tiene claro qué quiere en la vida. Se encuentra dividido casi 50 % a 50 % aspecto de saber tomar decisiones en la vida diaria. Estas respuestas nos dan luz para reflexionar sobre la necesidad de las personas de traducir todos estos asuntos espirituales en práctica de vida. Vivimos en un mundo de títulos y de bastante gente experta en muchos temas. Sin embargo, vemos demasiada carencia de valores y creencias que construyan un mundo más armonioso donde vivir; menos violencia, más escucha activa y una gestión de sentimientos más inteligente. Gente espiritualmente vibrante, consiente de la necesidad espiritual propia y la de los demás. Gente próspera en valor, empatía, amor, esperanza, fe y bienestar. Es una armonía que se logra con una satisfactoria espiritualidad y con las herramientas que pueden apoyar a la transformación del ser, y lo podemos lograr trabajando con una persona a la vez.

La encuesta nos confirma que más del 90 % de las personas se consideran espirituales, lo que revela que es un área que podemos trabajar para poder apoyar a las personas que lo desean. El hecho que el 90 % cree que existe vida después de la muerte apunta a la convicción de un grupo considerable de personas que sabe que existe una dimensión espiritual más allá de lo que vemos, oímos y sentimos. Sin embargo, si agudizamos esos mismos sentidos, podremos ver, escuchar y sentir cosas que van más allá de la vida natural en la cual morimos. Se trata de una dimensión espiritual que va más allá de las cosas tangibles. Por eso escuchamos expresiones como: "yo sé que existe algo más sobre mí, estoy en una búsqueda espiritual, yo tengo una intuición, he recibido una revelación, necesito paz, algo me falta", entre otras.

Puedo mencionar que trabajé a tiempo completo en hospicios por cuatro años. Es una modalidad de cuidado médico paliativo en el hogar de personas con un pronóstico de vida menor de seis meses. Mi rol era de capellanía y asesoramiento espiritual. Respetando las creencias de los pacientes, encontré que más del 98% por ciento de los pacientes, cuidadores y familiares aceptaban el servicio de asesoría espiritual. Estaban abiertos en este aspecto a recibir oración, preguntas poderosas, diálogos reflexivos, evaluación de las áreas de sus vidas, reflexión de sentimientos, perdonar, dejar ir, trabajar el desapego, encontrarse en paz con Dios en una vida eterna después de la muerte, dejar un legado y trascender de esta vida a otra libre de limitaciones y enfermedad. También se trabajaban estos aspectos con todos los que los rodeaban. Ahora puedo reflexionar que el coaching y sus técnicas enriquecerían extraordinariamente ese tipo de trabajo. Allá afuera existe un universo de personas que necesitan un coach. Y podemos ver que sentirse satisfecho, creciendo y conectados al área espiritual en nuestras vidas es un tema importante para un gran grupo de personas.

SOBRE LA AUTORA

Wendy Bretón de nacionalidad puertorriqueña, es emprendedora, creativa y está convencida de que su propósito en la vida es apoyar el crecimiento espiritual de las personas a su alrededor. Disfruta desarrollar el liderazgo, la enseñanza y pasar tiempo de calidad con la familia.

Comenzó su preparación académica con un bachillerato en Artes con concentración en Psicología Clínica. Luego completó una maestría en Consejería en Rehabilitación de la Universidad de Puerto Rico. En el área ministerial tiene una Maestría en Teología de la North Carolina College of Theology, recinto de Guaynabo, PR. Cuenta con una Certificación en Evaluación Vocacional de la Universidad Central de Bayamón. Convencida de su propósito se Certificó como Coach Profesional en la Academia de Coaching y Capacitación Americana de Coaching en la ciudad de Miami, FL.

Cuenta con amplios conocimientos en consejería clínica con énfasis en aspectos médicos, psiquiátricos y de leyes para personas con diversidad funcional. Con experiencia de 20 años en escenarios laborales de Salud Mental, Rehabilitación, Recursos humanos y entidades sin fines de lucro. Se desempeña actualmente como pastora de la Iglesia Ríos de Dios, es consejera en desarrollo de liderazgo. Ejerce funciones de administración y análisis de pruebas para medir desempeño académico, estilos de aprendizaje, aspectos de personalidad, liderazgo, intereses vocacionales y ocupacionales en Rivers of God Academy, de la cual es fundadora.

Contactos

Puedes contactar con la autora para preguntas, sesiones individuales o eventos por:

Email: wendybreton@gmail.com | vestidodepoder@gmail.com
Facebook: Vestido de Poder – Wendy Bretón
Instagram: Wendy Bretón